子どものやる気をどんどん引き出す！

低学年担任
のための
マジック
フレーズ

林 真未 著

明治図書

ようこそ マジックフレーズの世界へ

　この本に載っているマジックフレーズはすべて，私の現場経験から編み出したものです。

　……なんて言うとカッコいいけれど，実際には，子どもとまみれる日々の中で苦し紛れに口から出た言葉が，思いのほか効果的だったので，だんだん定番化していった，というほうが真実に近いかな。

　だから，"立派"な先生が読んだら，眉をひそめるようなフレーズもあるかもしれません。

　とはいえ，私は，誰になんと言われようと，私なりのポリシーをもって，日常的にこれらの言葉を使っています。だから，この「低学年担任のためのマジックフレーズ」を，自信をもってここに発表します！

　嘘です。

　こんな，学校的価値から外れ気味のアイデアを，苦し紛れの現場アイデアを，公にしてしまっていいのだろうか，いったい，誰になにを言われてしまうのだろうと，実は戦々恐々としています。

　それでも，そんなドキドキを超えて，皆さんの前に私の手の内をさらけ出すのは，「これによって，少しでも，学級経営がラクになる先生がいたらいいなあ」と夢見るからです。

著作権とか知的財産権とか，いろいろ世知辛い世の中で，学校の先生の，自分のアイデアを惜しげもなく皆に分け与える文化は，とても貴重なものだと私は思います。

　学芸会の台本から，授業のアイデアや当番のやり方に至るまで，「それは私が考えたのだから，使用料をください」なんて言う先生はいません。

　それどころか，教師から教師へと，いいアイデアは，どんどん，どんどん拡がっていく。「あー，そのワークシート使わせて」「どーぞ，どーぞ」という会話は，どこの学校にもある日常風景です。

　私は，先生方のこの優しさが大好きです。

　そしてその後ろ側にあるのは，子どもに少しでもいいものを届けたいという想い。自分が教えている子でもそうでない子でも，それは同じこと。

　というわけで，私もこの文化の一端を担って（端っこにかろうじてぶら下がっているくらいでしょうが），この本を通じて，いくばくかでも，先生方のお役に立てるアイデアが提供できていたらいいなあ，と強く思っています。

　2020年12月

林　真未

●マジックフレーズ使用上のご注意●

①ご使用の前に，子どもたちとの関係をよくご確認ください。

これらのマジックフレーズは，先生と子どもが友好な関係にある，または良好な信頼関係にあると，たいへん効果的です。もっと言えば，それがなくては無用の長物かもしれません。まずは，子どもたちと充分な関係性を築いてからご利用ください。

②ご使用の際は，背後にある意図をよくご理解の上ご利用ください。

文字面だけをなぞって使っても，うまく機能しないことがあります。マジックフレーズの背景にある考え方や論理をよくご理解の上，ご利用ください。

③ご自身の個性に合うかどうか，充分ご検討の上ご利用ください。

どんな優れた方法でも，自分のスタイルに合わなければうまくいきません。ご自身のやり方，考え方を十分検討し，そのコアとなるものと地続きの，自然な感じで使えるマジックフレーズを選んで，ご活用ください。

④ご使用に際しては，ご自身が使いやすいよう変更可能です。

これらのマジックフレーズは，一字一句守らなければならない決まった方法ではありません。ご自身の好みや子どもの状況に合わせて，柔軟に変更してお使いください。

もくじ

ようこそ マジックフレーズの世界へ

第1章

「低学年の子ども」ってどんな人?

Column 「べんきょうってたのしいんだよ!」 018

第2章

授業で使えるマジックフレーズ

Column 「そのまんまでいい」なら学校はいらない。 048

第3章

日常場面で使えるマジックフレーズ

Column　みえないけれどたいせつなものもつたえたい　082

第4章

けんかやトラブルで使えるマジックフレーズ

Column　保護者へのまなざしをアップデート　136

第 7 章

おうちのひとにもマジックフレーズ

『低学年担任のためのマジックフレーズ』制作裏話

第**1**章

「低学年の子ども」ってどんな人？

「低学年」ってこんな人たち

　マジックフレーズのその前に，低学年の特徴についておさらいしておきましょう。そう，低学年ってこんな人たちなんです！

低学年あるある その1　とてつもなく優しくて，先生が大好き

　小さな子どもほど，なにもかも赦す人はいません。こちらが失敗しても「いいよいいよ，気にしないで」と責めずにいたわってくれるし，友だちにずいぶん理不尽なことをされても，結局は元通りに仲良くする…　大人はこれほどの優しさをもっていない，と，我が身を振り返り，次は見習おうと誓うのですが，いつまでたっても，彼らの底なしの優しさにはかないません。

　その上，デフォルトで学校の先生を大好きでいてくれる。これもつくづくありがたいことです。

低学年あるある その2　伝えたいことが，表現できない

　先生に伝えたいことは山のようにあるのだけれど，ボキャブラリーがついていかないので，結果，何を言っているのかわかりません。そういうときには，まず落ち着かせて，時系列で一つひとつ質問していき，適切と思われ

る言葉で言い換えながら聴いていきます。

低学年あるある　その3　好奇心旺盛で，やる気まんまん!

　朝，教室に入ってきたとき，昨日と違うものがあると，すぐに目ざとく見つけて「せんせいこれなに？」と，聞いてきます。だから，図画工作や生活科で事前準備したものは，必ず授業直前まで隠しておきます。

　また，授業では，毎時間内容を伝えるたびに，目をキラキラさせて，「やるやるー！」とすぐに取りかかります。運動会では，明らかに足が遅い子も，「リレー選手になりたい」とめあてに書きます。

低学年あるある　その4　とりあえず，全力ダッシュ!

低学年あるある　その4
羽が生えているかのように　手をうしろに飛ぶように走る
その速さ。ロケットが火を噴いて発射されるがごとし！

　低学年は，羽のように手を後ろに広げ，飛ぶように走ります。休み時間始まりのチャイムが鳴ると，ロケットの発射さながら，背中から炎が出るごとく飛び出していく。「廊下は走りません！」の声もむなしく…

低学年あるある　その5　素直だが，融通は利かない

　私が「かんじドリルを出してね」と言ったときのこと。子どもたちが，「かんじドリル？　さんすうじゃなくて？」と，ザワザワしています。

　よく見たら，漢字教材は「かんじスキル」。算数が「けいさんドリル」。

　……国語の時間なんだから，ちょっと考えれば，先生が言い間違えたってことくらいわかるでしょうに，というのは通じません。

　低学年は，一事が万事，この調子です。

アタマとカラダが直結

　課題を与えられたら，すぐに，それにまっすぐに取り組むとか，休み時間になったらすぐ，思いきり外で遊ぶとか，「子どもらしい」という表現がぴったりの低学年。

　同じ特徴がネガティブに働くと，授業では，こちらの段取りを無視して「せんせい，○○だよね！」と先走ってしまったり，手を挙げず指される前に答えてしまったり。友達とのいさかいのシーンでも，腹が立ったらすぐ「うざい！」「死ね！」と言ってしまったり，手が出たり足が出たり。

　でも実は，良い面も悪い面も，同じように，アタマとカラダ，つまり思考と行動が直結しているがゆえの結果なんですよね。

やったことを，すぐ忘れる

　一週間前なんてとんでもない。昨日やったことはもちろん，なんなら，帰るころには朝の時間のことさえ忘れていることもあります。

　中には，ずいぶん前のことを鮮明に覚えている子もいますが，たいてい，低学年の子の記憶ほどあてにならないものはありません。

　だから，見えないところで起きた子ども同士のトラブルを後から解決しようとしても，ほとんどが迷宮入りになってしまいます。

低学年あるある　その7
昨日のことは　おぼえていない
なんなら，帰る頃には　朝のことをさえ忘れていることもある

え？〜
そうだっけ？

昨日
○○したじゃない

低学年あるある その8　　ケンカをしても，すぐ仲直り

あとくされのなさというか，切り替えの早さというか，低学年のそれはみごとなものです。いつまでもだらだらと関係性の悪さが続く心配はあまりありません。子どもにとっては，「ごめんね」「いいよ」このふたつのマジックフレーズさえあれば，きれいさっぱり，仲直りできちゃうのです。

低学年あるある その9　　同じことを，何回もせがむ

来る日も来る日も「ありがとう，フォルカーせんせい」という本を読み聞かせし続けた年もありました。私が何気なく話した息子が小さい頃のエピソードを好んで，同じ話を何度もせがみ，聞くたびに大爆笑していた子どもたちもいました。……あの感覚，オトナにはわかりません。

低学年あるある その10　　家庭の影響が絶大

高学年を長く担任して，初めて1年生をもった先生が，しみじみ言っていました。「高学年はある程度自立しているから，家庭があまり見えにくい。低学年をもってみたら，子どもそれぞれに家庭の影響がもろに出ていて，教育の基本が，学校ではなく家庭にあることを痛感した」と。

低学年の担任は，目の前の子どもが，絶大なる家庭の影響下にあることを，念頭においておかなければいけません。

マジックフレーズが低学年に効くワケ

◯ 思考回路に寄り添うから効く!

　これから提案するマジックフレーズはすべて，これまで挙げてきたような低学年の思考回路に寄り添っているからこそ効果的なのです。

　絶えず「善く生きよう」という前向きな思いでいっぱいの低学年だからこそ，その思いを損なわずに，むしろその思いに寄り添うように声をかければ，言葉は，すーっと沁みていきます。

◯ 行動をアシストするから効く!

　低学年の行動パターンに添って，その行動的弱点をアシストあるいはフォローするような声かけは，子どもに安心感をもたらします。子どもは，安心感があれば，自分のペースで，積極的に課題に取り組みます。結果，こちらの計画通りに課題を進めることができるのです。

◯ コツは，子どもを信じぬくこと

　そうは言っても，担任としての私は，集団行動を乱す子に振り回され，腹を立て，ついマジックフレーズなんて吹っ飛んでしまう毎日です。自分の失敗を反省するたび，子どもを信じる力が足りなかったことに気づきます。

　子どもを信じぬくことこそ，マジックフレーズ成功の鍵です。

《 理科 / 生活科で 観察に行く時 ... 》

高学年の先生

- ボード持って外に出て—
- 外で記録します

以上！

低学年の先生

- 名前の書き忘れ 日付の書き忘れを防止
- ワークシートになまえと日づけをかくよ
- こう言わないと 外に行けると思って テンションが上がり うるさいよ 走って行っちゃう
- ろうかはしずかにあるいていくよ
- けしゴムはなくすからもっていかないまちがえたらえんぴつのせんでけすよ
- 必ずけしゴムをなくす子がいるので事前に予防
- かいだん、えんぴつをボードのポケットにいれてワークシートをはさんでそれをもって出るよ
- くわしく言わないとボードをえんぴつとワークシートを別々に持って行く子がいる
- 時間を明示する タイムタイマー
- 折れた子用のえんぴつけずり
- えんぴつ折れたら書けない
- えー、もう時間〜 と言われないよう準備

低学年の子は　おもんばかるとか、
自分で必要なもの、ことを判断して用意するとか できません （一部の子を のぞく）

親だって，まだ「低学年」

　親だって，子ども同様，小学校生活は「低学年」の経験値。学校の当たり前が親の当たり前ではないこともあります。2人目，3人目の子の親はそうとは限りませんが，1人目やひとりっ子の親は完璧にそう。親ごさんとコミュニケーションをとるときには，そのことを忘れずに！

Column

「べんきょうってたのしいんだよ!」
―学ぶことの意味について―

「みんなはなんのために勉強しているかわかってる?」
毎年，私はクラスの子どもたちに訊きます。すると必ず，
「しょうらい，じぶんがおとなになったとき，こまらないためー」
という答えが返ってきます。
「ちがうよ!　みんなは，そんなちっぽけなことのために
勉強しているんじゃないよ。みんなは，だれかを幸せにできる人になる
ために勉強しているんだよ。もちろん，自分もふくめてね!」
私がそう反論すると，（……今まで聞いてたのと違う）と，
戸惑い顔の子どもたち。でも，私がこの話をした後は，例外なく，
とても前向きに学習に取り組むようになります。
みんな，誰かの役に立てる人になりたいのです。

「今日はこれをやってもらいまーす」
と課題を提示され，「えー」と子どもたちが抵抗するときにも，
私はまた，おかしなことを言いだします。
「どうしたの?　勉強，楽しいじゃない!」
当然，子どもたちは
「え?　どういうこと?」「そんなわけないじゃん」というリアクションを
するので，私が，学ぶ楽しさをとうとうと語るのが毎年の定番。
ところがある年，私に共感し，クラスのみんなに，
高らかにこう宣言した子がいました。
「うん，そうだよ。べんきょうってたのしいんだよ。
だって，わからないことがわかるようになるんだもの」
学ぶことは，それ自体が喜び。
だれかを幸せにするため，という崇高な目的さえ必要ないのか……

第2章

授業で使える
マジックフレーズ

> ## ○○さん，正解!

どんなときに使えるフレーズ?

5分休みは，授業準備のための時間なのだから，チャイムが鳴る前に教科書等を机に出しているのが小学生の正しい姿。

ところが，クラスの半分以上が，あわてて今席に着いたばかり。

そんなとき，きちんと準備が終わっている子の名前を呼び

「○○さん，正解！」と伝えます。

○ 子どもも笑顔，先生も笑顔で授業に向かえるように

最初の時点で「正解！」の子が何人もいたら，「○○さんと○○さんと○○さんと○○さん正解！」と，もちろん全員の名前を呼んであげます。

「○○さん，オッケー！」「○○さん，すばらしい！」でも良いのですが，どうも，「正解！」って言われることが，子どもは特に好きみたいです。

名指しで「正解！」と褒められた，準備万端だった子は，誇らしげな，とてもいい顔をしますし，準備ができていなかった子は，大慌てで教科書を出し，自分も一刻も早く「正解！」と言われたがります。

準備ができていない子に「早く教科書を出して！」と言うより，この方が何倍も効果的。

誰も叱られないまま，あっという間に授業準備が整います。

○ 結局，最後は全員褒める

　「正解！」の人はどんどん増えていくので，そのたび「○○さんも！」「○○さんも！」と，名前を呼んであげます。

　「正解！」の子が増えすぎて追いつかなくなったら「◇班，全員正解！」「▲班も全員正解！」と班ごとに言ってあげます。

　すると，準備のできていない子の分を，同じ班の周りの子たちが手伝って，「先生，□班！　□班！」とアピールする姿も見られます。そしたらもちろん，「はい，□班，オッケー！　正解！」と高らかに宣言してあげます。

　こうして，結局最後には全員褒められて授業が始まるというワザです。

　最初から教科書，教材をガッツリ使って授業したい，子どもたちがわさわさしていて，授業に気持ちが向いていない，そんなとき，特におススメです。

きのせいかなー？

どんなときに使えるフレーズ？

　他の子どもたちはみーんな授業の準備が済んでいるのに，まだ席についていない子がいる。

　そんなとき，とぼけてこう言います。

　「あれ，まだ立っている人がいるみたいだけれど，そんなはずはない。だってもうチャイム鳴ったもの。うん！　先生のきのせいだ」

◯ 「うん，きのせいだよ!」「ちがうよ，きのせいじゃないよ!」

　私がとぼけていると，座っている子どもたちが次々に口を開きます。

　ユーモアを理解するおませな子は，私の意図を理解して，「うん，きのせいだよ！」とニコニコしているし，四角四面な真面目な子は，「きのせいじゃないよ，○○くんまだほんとに座ってないよ」と必死で教えてきます。

　私の意図をわかっているくせに，意地悪をして「きのせいじゃないよ」と言う子もいます。

　そんな子どもたちの意見をにっこり笑って聞きながら，「そうかなー。きのせいじゃないかなー」ととぼけているうちに，立ち歩いていた子は席に座ります。

💬 バリエーションを利かせればなんにでも使える

　学習準備がそろわないとき，おしゃべり声が聞こえるとき，ルールを逸脱したときなど，このフレーズは，なんにでも応用できます。たとえば，

　「あれ，今〇〇くん，××してたような気がするんだけど，まさか，そんなことするわけないよねえ。××しないって決まってるもんねえ。あ，先生のきのせいかなあ」

　という具合。こう言うと，たいていの子は照れ笑いを浮かべつつ，困ってその場に立ちすくみます。そしたら，そっと肩を抱いて終了。軽微なルール違反は，いちいち目くじら立てなくても，この程度で十分。もともと，子どもというイキモノは善く生きたいと思っているのですから。

　……なーんて冷静に対処できずに，つい「こら！」って怒っちゃうことも多いんですけどね。

そらみみかな?

どんなときに使えるフレーズ?

こちらの話を聞かせたいと思うのに，おしゃべり声が止まらない。

そんなとき，私は，クラスを見渡してこう言います。

「あれー，子どもの声が聞こえる気がするけど，先生のそらみみかな。先生の話を聞く時間におしゃべりしてる子なんて，いるわけないもの！」

これは，学年で活動する100人規模の授業ときでも効果的です。

◯ 大げさに，大きな声で

お気づきの通り，これは，すでに解説した「きのせいかな」と同じ「おとぼけ」シリーズです笑。

こうやって文章で読んでいると，そんなにうまくいくかなあと思われるかもしれませんが，やってみてください。面白いほどうまくいきます。

ただし，おしゃべりに夢中になっている子も気づくくらい大きな声で，「あれー？」と切り出すのがコツ。

すると，その声に気づいた，おしゃべりしていた子たちは，大喜びで「そらみみ，そらみみー」と言い，クスクス笑いながら静かになってくれます。

このやりとりなら，ずっと静かに待っていた子たちも，楽しい気持ちにさせてあげられるので，一石二鳥です。

○ 「そらみみじゃないよ!」のツワモノには……

　せっかくこちらがとぼけているのに，「そらみみじゃないよ！　みんなしゃべっているもん！」と，わざと予定調和をひっくり返そうとする子はもちろんいます。そういうときには，ニッコリ笑顔で，じっとその子を見つめます。言葉は決して何も発しません。すると，居心地の悪そうな顔をして口を閉じ，みんなと同じように黙ってくれます。

○ 「子どもの声」という表現がポイント

　必ず「子どもの声が聞こえるのはそらみみかな？」と言うのがポイントです。「声が聞こえる」だけだと「うん！　だって先生がしゃべっているから声が聞こえるに決まっている」とツっこまれちゃいますからね。

ミッションはこれだ!

どんなときに使えるフレーズ?

　授業は，基本的には「めあて」の提示から始まりますよね。私のクラスでは，この「めあて」を「ミッション」に言いかえちゃいました。

　だって，「この時間のめあては…」と始めるより，「さあ，○時間目のミッションはこれだ！」と宣言する方が，ワクワクしませんか。

○ 「めあてさえなければ，がっこうはたのしいのに……」

　これは，ある小学校2年生がつぶやいた言葉です。

　どうも，子どもたちは日々学校の先生たちに「めあてをもって」と言われることにウンザリしているらしい……。そう気づいた私が思いついたのが，「めあて」の代わりに「ミッション！」という言葉を使うこと。

　ミッション（mission）の訳は「使命」とか「任務」なので，正確には「めあて」の言いかえではないのですが，子どもたちにとっては，ゲームやテレビでなじみ深い単語なので，これを選びました。

　実際のところ，低学年は，かな漢字，文法基礎，四則計算…　と，学ばなければならない基礎基本が多いので，授業で身につけるべき「ミッション」がある，と考えるほうがふさわしい気もします。

◯ 「給食を食べるころには，すいすいできるようになっちゃうよ!」

　たとえば算数なら「ミッション：くり下がりのひき算が，できるようになる！」と板書し，４時間目だとしたら，こんなふうに言います。

　「さあ，始めるよ！　今から45分経って給食を食べるころには，みんなは，くり下がりのひき算のやり方がわかって，すいすい計算できるようになってるからね！」

　こうやって終わりを示してあげると，達成するのはいつで，そのときどんなふうになるのかというイメージが明確になるので，子どもは，そこへ向かって安心して学習します。この習慣が定着すると，いつのまにか，子どもたちのほうから「今日のミッションなに？」と聞いてくるようになります。

　「ミッション」という言葉を使わなくてもいいし，言葉は「めあて」のままでもいい。要は，子どもが楽しく学習に集中する策を講じたいのです。

教室はまちがうところ！

どんなときに使えるフレーズ？

手を挙げるのが心配なのは，答えをまちがえたら恥ずかしいから。

意見を言うのを躊躇するのは，どう思われるか心配だから。

そんな憂いを吹き飛ばしてしまいたいとき，この言葉を使います。

由来は蒔田晋治さんの名作絵本「教室はまちがうところだ」です。

◯ まずは絵本の読み聞かせから

まずは，「教室はまちがうところだ」（蒔田晋治作／長谷川知子絵／子どもの未来社刊）の読み聞かせから始めます。

新しいクラスになったら，なるべく早い時期に，この本を読んであげてください。教室に座る一人ひとりの子どもの心の動きを優しいまなざしで描き，そして，一人ひとりの教師の想いを丁寧に代弁してくれる本です。

「安心してまちがえよう」「まちがいから学び合える教室をつくろう」と呼びかけるこの本は，何度読んでも目がうるんでしまいます。

この絵本の内容をクラス全体で共有しておけば，「教室はまちがうところ！」と，先生がひとこと言っただけで，子どもたちはその意味するところをたちまちわかってくれるはずです。

○ 同じことを3回答えていい

　とはいえ，いくら「まちがえてもいい」とくりかえし言われても，やっぱり「正しい答えを言いたい」というのが，子どもの正直な気持ちです。

　そんな子どもの気持ちに応えるために，同じ質問に，3回答えてもいいルールもおすすめです。これなら自信がなかった子も，2人目，3人目になれば堂々と言える。わからなかった子も，1人目，2人目の子のまねをして発表できる。こうして，たくさんの子が手を挙げることができます。

　もちろん，このようにいろいろ工夫をしても，それでもまだ発表を避ける子もいるかもしれません。

　私は，そういう子はそのままそっとしておき，強制はしません。手を挙げて発表しないというのも個性です。それに，小学校低学年で引っ込み思案だったからと言って，ずっとそうであるとも限りません。とにかく子どもに任せます。

教室は まちがうとこ！！

授業っぽいものにしてね

どんなときに使えるフレーズ?

　授業をしているとき，手を挙げた子がわざとふざけた答えを言ったり，不適切な用語を使ったりしたとき，「そんなこと言いません」と叱る代わりにこの言葉を使います。

　「授業っぽい」っていうのは私の造語かもしれません。詳しくは解説を。

◯ 「授業っぽいもの」ってどういうこと?

　「授業っぽいもの」というのは，要は，大人が求める，学習する小学生にふさわしいものや言葉という意味です。

　たとえば，かたかな集めの課題で，ゲームのキャラクター名ばかりを集めたり，短文づくりの課題で「ウザい」「クソ」などという言葉を使った不適切な文を発表したりしたときなどに，こう言います。

　それらを使いたい，言いたい子どもの気持ちは理解できますが，教師としては，ゲームのキャラクターばかりでは，かたかなの語彙の幅を広げられないし，「ウザい」「クソ」などの言葉を使うことも積極的には肯定できません。

　そこで編み出したのが，「授業っぽいものにしてね」というメッセージなのです。

○ 子どもはすぐにわかってくれる

「授業っぽいものにしてね」と言うと，子どもたちは，「えー」と言いながら，「わかったよう」とすぐに応じてくれます。

授業の内容を理解して，その上で授業を逸脱するアイデアまで思いつくような子ですから，もともと機転がきくのです。だから，「授業っぽいもの」というニュアンスも，すぐに洞察して理解してくれます。

彼らのアイデアを言下に「ダメです」と否定してしまっては，不満が残るかもしれません。けれど，「あなたのアイデアは認めるけれど，この場ではふさわしくないから修正してね」というアプローチなら，すんなり受け入れてくれます。

こう書いてみると，授業は，先生と子どもたちで協力し合ってつくっているんだなあ，と改めて気づかされます。

7　子どもが答えをまちがえたとき

> # 誰もまちがえないなら
> # 先生はいりません

どんなときに使えるフレーズ？

　はりきって手を挙げて，やっと指されて，自信満々に答えたのに，思いっきりまちがえちゃった！　そんな，恥ずかしい思いをしている子に，すかさずこの言葉をかけ，安心させてあげます。

◯ まちがえる子がいるから，学校がある，先生がいる

　続けて，こうも言います。

　「今，みんなは，知らないことを学んでいるのだから，まちがうのはあたりまえです。まちがえるのはいいことなんだよ。だって，他にも，同じまちがいをした人がいるかもしれないでしょう。その人たち，◯◯さんがまちがえて答えてくれたから，どうしてまちがいなのかを一緒に考えられます。先生も，みんながわかってないところに気づけて，説明できます」

　こんなふうに言うこともあります。

　「もし全員，だーれもまちがえないで，自分だけでお勉強できるなら，学校も，先生もいりません。まちがえてくれるから，先生はここにいられるよ。先生にお仕事させてくれてありがとね！」

○ まちがえるのは，おトクです

もう1つ，まちがえた子に付け加えて伝えることがあります。

それは，まちがえるというのは，おトクなことだということ。

もし，その単元を，まちがえずにスーッと通り過ぎてしまったら，内容が印象に残らず，学んだことをすぐ忘れてしまうかもしれません。けれど，まちがえて，考えて，納得して，身についたことは忘れません。

それに，何でもそつなくこなせていると，持っているポテンシャルの8割がたの力で，課題をこなす癖がついてしまいがちです。

何度まちがえても全力で体当たりして，奮闘努力して身につけていくほうが，学んだことを自分の血肉にしていけるのではないでしょうか。

もちろん，すべての子どもがこの方程式に当てはまるとは限りませんが…

うまいとか下手とかありません

どんなときに使えるフレーズ?

　詩や絵など，創作系の課題が出るやいなや，苦手とする子の心の中は，「うまくかけるかな？」の心配がマックス。だから私は，課題提示と同時に，必ず「うまいとか下手とかはありません」と強く宣言します。

　その子らしい作品を創ることがいちばん大切だから，うまい下手に囚われる気持ちは，ぶち壊してあげなくちゃ。

◯ その人の作品は，その人にしか創れません

　国語でも図画工作でも，作品づくりで大切なことは，その子の思いやかきたいことが，そのまま素直に表現されること。それなのに，ときどき「自分は苦手だから……」と，最初から後ろ向きになってしまったり，他の友だちの作品に寄せてしまったりする子がいます。

　私は，そういう子に，本当に強く言いたいのです。

　うまいとか下手とか，そんなことはどうだっていい。すべての縛りを取っ払って，思うままにかいたらいい，と。だから，こう伝えます。

　「うまいとか下手とかはありません。とにかく，気にせずやってごらん。その人の作品は，その人にしか創れないのだから！」

💬 詩は字で絵をかくように。絵は字で書けないことを。

そうはいっても，苦手な子は，なかなか最初の一筆が進みません。

そこで，少し具体的なアドバイスも伝えます。

●詩を書くとき

私は，「詩は，字で絵をかくことだよ」とよく言います。「字を使って，綺麗だと思うことや思い出の風景，心の中の様子を書くよ」と。

他のやり方としては，「好きな色は？」「好きな遊びは？」など質問をして，その答えから，テーマを決めて書き始めさせたりもします。

●絵をかくとき

逆に，絵は，字では表せないことをかくものと伝えます。

低学年でも，「心の中をかくこともできるよ」と，抽象画の概念を伝えると見事な作品が生まれます。

やりかたはこうだよ&あと○分だよ
〜 "見る" と "聞く" で何回も〜

どんなときに使えるフレーズ?

「せんせい，これどうすればいいの？」「ここはどうするの？」

課題を出した後に，教室中にいろいろな席からそんな質問が。

質問に答えながら，机間指導に熱中して，ふと時計を見たら，もう授業の終わり。あわてて「もう終わりー，集めますー」

という失敗は，もうしないようにしようと思って……

◯ 明確で具体的な指示があれば，落ち着いて取り組める

課題を出すときは，目的，やり方，あるいは文章見本等を最初にしっかり提示します。

たとえば，アサガオの観察は，アサガオの絵をかくことが目的ではなく，よく見て，どんなふうになっているのかわかるのが目的。

この目的をおさえ，図画工作の絵とはちがうこと，植木鉢はかく必要がないことなども合わせて共有します。

その上で，教科書で観察カードのイメージを見せたり，見るポイント（色，形，大きさ等）メモを手元に持たせたりしておきます。

落ち着いて取り組めるように，何をどうすればいいかを明示するのです。

◯ 残りの時間を伝え続けることで，時間配分や心の準備ができる

　課題にかける時間も，必ず最初にはっきりと伝えます。時間掲示におススメはタイムタイマー。特別支援の現場でよく使われている，アメリカ製の大きなタイマーです。

　これを使うと，残り時間とともに，赤い部分の面積が減っていきますから，パッと見て，あとどのくらい時間が残っているかがわかりやすいのです。校庭で植物の観察をする時も，タイムタイマーを持ち出します。

　これを使って，目で時間を知らせながら，終わりの時間の10分前，5分前，2，3分前にそれぞれ「あと◯分で終わりにするよー」と知らせてあげます。そうすれば，子どもたちは自分なりに時間配分して，課題を終わらせます。

　ここまでやっても，時間内に終わらない子は終わらないんですけどね。

もっときれいな字を 書けること，知っているよ

> ### どんなときに使えるフレーズ?

　丁寧に書けばそれなりに良い字が書けるのに，ちゃんと書かない子っていますよね。

　そんな子に，この一言が効きます。

　「どうしたの？　ずいぶん雑だけど。あなたがもーっときれいな字が書けること，先生は知っているよ」

◯ 年度始まりの頃は，どの子も良い字を書いている

　低学年は，まだ屈折していないので，どの子も，学年の始まりの頃は，なんでも丁寧にちゃんとやろうとしています（もちろんどんなときにも例外の子はいるかもしれませんが，そこは置いといて）。その時期に，どんな字を書いているかをしっかり覚えておきます。

　そして，担任に慣れ，学年に慣れていくうちに，いい加減な字を書き始めたら，この一言で釘を刺します。

　「きれいな字が書けるのを知っているよ」と言われたら，子どもは逃げ場がありません笑。本当の自分の姿を，握られてしまっているのですから。もう，きれいに書くしかありません。

○ 雑な字に理由があるときは，この限りではない

　雑に見えても，もともと頑張っているのに悪筆な子もいます。年度当初の様子を思い出して，もともと字形が整っていなかった子に，「もっときれいに」は酷ですから，そういう場合は，具体的なアドバイスをしてあげます。

　また，作文やお話づくりで，思いが溢れてそれを字にするのが追いつかないくらい創造力を発揮している子に，「もっときれいに」と水を差しては，豊かな作品づくりの邪魔になってしまいます。

　それから，おうちでずいぶんと厳しく勉強させられている様子だった子が，学校の勉強をいい加減にこなすのを，黙認したこともありました。

　こうして改めて考えてみると，字形ひとつアドバイスするだけでも，いろいろあるもんですね……

11 課題に向かえない子に

> これじゃあ
> ○○ （名前） の無駄遣い!

どんなときに使えるフレーズ？

　十分な力をもっているのに，学校の勉強をどれも面倒くさがって，アサガオや野菜の観察をテキトーに終わらせたり，国語の初発の感想を，一言しか書かなかったり。

　そんな子を前にして思わず出た言葉が，これでした。

　あるいは，最初から課題に全く向かおうとしない子もいますよね…

○ 「○○の無駄遣い」とは？

　ちゃんとやろうと思えばやれるのに，いいかげんなパフォーマンスで終わらせてしまうということは，その労力を無駄に使ったのと同じこと。

　丁寧に自分のもてる力をきちんと使えば，それは自分の力を有効に使ったということ。だから，課題をいい加減にやるのは，自分の力の無駄遣い。

　子どもたちには，このようなニュアンスのことを，もう少しかみくだいて説明しています。

　保護者会や授業参観の時に壁面掲示する予定のワークシートをいいかげんに仕上げられて，見に来たおうちの人をがっかりさせちゃったら困るという，こちらの都合もありますしね（笑）。

◯ 課題に向かえない原因は1つではない

　いいかげんにやるどころか，まったく課題に取り組もうとしない子もいますよね。

　そういう子は，それぞれ丁寧に事情を聞いていけば，その理由はだいたい見当がつきます。

　課題のやり方がわからない子がいます。発達の問題があるかもしれません。自信のなさが原因の子もいます。うまくできるかわからない。どうしていいかわからない。そんな不安が課題をやらないという行動に表れているのかも。あるいは，先生に対する反発で課題をやろうとしないこともあるかもしれません。

　そんな子には「◯◯の無駄遣い！」とはまた違った声かけが必要になると思います。

"お助け" お願い!

どんなときに使えるフレーズ?

　私は，算数の学習でよく，やり方を簡単に説明したらすぐに，子どもにたくさんの問題を解かせる方法をとります。

　するとどうしても，すぐにすべての課題が終わる子と，なかなか終わらない子がでます。

　そこで，早く終わった子に "お助け" をお願いします。

○ 子どもも自ら「お助けいる人ー」

　"お助け" というのはつまり，早く終わった子が，まだ解き終わっていない子に問題の解き方を教えてあげることです。私のクラスでは，このような助け合いを奨励しています。

　慣れてくると，課題を全部終えて，先生の合格をもらった人が「お助けいる人ー?」とクラス中に叫びます。すると「はーい」「こっちこっち」と，お呼びがかかります。あちこちでこのような学び合いが生まれます。1人でじっくりやりたい子は，この間にも自力で課題に取り組み続けます。

　お助けが足りない時には，先生が調整し，とりわけ必要な子のところに行ってもらいます。逆に，教えるほうが多すぎて，相手がいなくなってしまったら，自席で読書してもらいます。

○ 丁寧な一斉指導より，実践練習，個別指導を優先

　子どもの中には，学習をすぐに理解できる子がいる一方，どんなに心を尽くして説明しても，すぐには理解できない子もいます。その双方が，同じ先生の説明を一斉に長々と聞くのは非効率。また，問題解決学習のスタイルでも，意味がわからず聞いているだけの子がいるかもしれない。

　たった45分しかない授業時間を，そんな多様な子どもたち全員が，よりアクティブに前向きに学習に向かい，より深く理解するにはどうすればいいか考えた結果，個別練習問題を解く時間を多くとるようになりました。

　教室全体を見回して，一番しんどそうな人は先生も個別指導しますが，ちょっとのヒントでわかりそうな子は，早くできた子に"お助け"してもらいます。このような経緯で生まれた"お助け"ですが，子どもたちが助け合って学び合う姿は，見ていて胸が熱くなります。子どもは親切！

…のときにやりましょう

どんなときに使えるフレーズ?

様々なこちら側の工夫もむなしく（笑），どうしても時間内に課題が終わらない子がいます。

そんなとき，「またあとで」や「今度続きを」などのあいまいな言葉かけでは，子どもは，実際に"続き"がいつやれるのか心配です。

だから必ず，場に応じて，具体的な提案をしてあげます。

○ おすすめは，「給食準備の時間にやりましょう!」

私の教卓の隣には，児童机が2つあります。ここは，終わらなかった課題をする人のための席。課題が終わらない子は，4時間目が終わって自席に給食の用意をしたらすぐ，この席に移動します。給食当番，配膳当番は免除。

給食準備の時間は，15〜20分くらいありますから，この方式だと「いただきます」をするまでに，ほとんどの子が課題を終えることができます。

また，課題が終わらなくても，そこにそのままの状態で置いておき，給食後の昼休みに続きができます。

この方法だと，ほとんど休み時間をつぶさずに課題を終えられるので，子どもたちとしても助かるのです。

💬 その他，こんなパターンもあります

　もちろん**休み時間，早朝，放課後，次の授業時間，授業中の隙間の時間**など，他の時間を利用することもあります。「当番をやりたいから」と給食準備の時間を避ける子もいますし。いずれにしても，課題ができなかった時点で，具体的にいつ続きをやるのかをはっきりさせるのがポイント。

　「やれるときにやっておいて」というような指示では，機転のきく子や賢い子は，自分でタイムマネジメントしてやれますが，そうでなければ「やっておいてっていったでしょう！」ということに必ずなります（笑）。

　ただし，私は**掃除の時間**には絶対にやらせません。勤労の義務は全員で果たすべきと思っているので。

　いつやるかを勝手に決めてしまうのもご法度です。子どもとやる時間を相談して決めることで，課題を終わらせる責任感を，子どもと共有します。

給食 じゅんびの 時間に やっていると…

よし、カレーのためにがんばるで‼

がばっ

はぁ〜 きゅうしょくのいいにおい〜 カレ〜だぁ…

…がわかったかな?

どんなときに使えるフレーズ?

授業の始まりに,めあてならぬ"ミッション"を提示し,

「この授業が終わったら…がわかるようになるよ!」

と宣言していますから,当然,授業の終わりにも,その時間に学習すべきことが身についたかどうかを確認しなければなりません。

そこでこの一言。

◯ ミッション (めあて) とふりかえりはサンドイッチ

「…がわかったかな?」と問うのは,つまり**ふりかえり**です。

言うまでもなく,授業をするのは,その授業を通じてなんらかを子どもに学ばせるため。その学びを明確にするために,最初に「なにを学ぶのか」を明確に示し,最後に「なにを学んだか」を確認することで,授業をサンドイッチします。

たとえば「くり下がりのひき算がわかるようになる!」というミッションで始めたなら,「くり下がりのひき算がわかって,もうできるようになったかな?」と結びます。

教科書の◯ページの問題がわかったかどうかではなく,その時間で学ぶべきことが身についたか,を問うのです。

💬 低学年のふりかえりは……

　低学年でも，高学年のように毎時間の終わりにノートにふり返り，感想を書くことを習慣にしている先生は多いですよね。ああいうのを見ると，自分もやらせたいという誘惑に駆られます。

　でも冷静に考えると，もし私が子どもだったら，毎時間書くのはしんどい。「授業のふりかえりは，よっぽど感銘しない限り，大人が書いてほしそうなことをテキトウに書いていた」という元・子どもの証言もキャッチ。というわけで，私はあまり低学年の子にふりかえりを書かせることに積極的ではありません。

　だいたい口頭でのコメントを求め，何人かに発表させた後，「…がわかったかな？」と問いかけ，「わかったー」という声に応えて，板書したミッション（めあて）に，花マルを付けてあげるというパターンが多いです。

　とにかく低学年は花マルが大好きですから，このふりかえりがあることで，次の授業へのモチベーションも上がります。

Column

「そのまんまでいい」なら学校はいらない。

─自己肯定感と自己有用感─

学校現場にいると，
「児童の自己肯定感を高める」という言葉をよく聞きます。
けれど，自己肯定感をもつというのは，
「ただ，そこにいるだけでいい。そのまんまでいい」というまなざしを
たくさん浴びて，自分自身も存在を全肯定している状態のこと。
一方，学校は，「もっと良くなろう」「立派に育とう」─つまり
「ただ，そこにいるだけではだめ」というメッセージを送り続ける存在です。
片方の手に「もっと頑張れ」というメッセージをもち，
もう片方で「そのまんまでいい」と伝えるのは，無理があると思いませんか。

学校は，**自己肯定感**ではなく**自己有用感**を育てるところです。
生まれたときには充分備えているはずの自己肯定感は，成長の過程で，
存在の否定や**条件付きの愛**によって損なわれてしまいがちです。
しかし，**自己肯定感**が損なわれさえしなければ，
自己有用感を得たいという欲求は，成長とともに自然と強くなります。
そしてその欲求に応えるため，学校が登場する。
本来はそんな順番，そんな関係なのだと思います。
とはいえ，現実に，自己肯定感が損なわれた状態の子どもが，
毎年たくさん学校に来る。だから，「自己肯定感を高める」ことを
学校の仕事と思いがちなのでしょう。
でも，**学校という機能**が，自己肯定感を修復することはできません。
ただ，**学校という場所**には，自己肯定感を修復するチャンスは
ふんだんにあります。計画された学びの結果ではなく，
日常的な子ども同士のふれあいや，子どもと先生のやりとりの中に，
そんな宝石のような瞬間があるから，この仕事はやめられないのですよね。

第 **3** 章

日常場面で使える
マジックフレーズ

> みんなを幸せにするために
> ここにいるよ！

どんなときに使えるフレーズ？

学級開きをはじめ，年間を通じて折に触れて何度も伝える言葉です。

まずは，担任自己紹介に添えて。

その後は，クラス内でトラブルがあったり，悲しい思いをした子がいたりしたとき，担任がなんのために存在するかを共有したいとき，等々…

勉強を教えることだって，子どもの幸せのためですからね！

○ 子どもの人権を守ることが担任の使命

幸せにする，という言い方だと漠然としていますが，その土台は，子どもの人権を守ること。

「人権とは，安心して，自信をもって，自由に生きられること」

これは，CAP（子どもへの暴力防止プログラム）で用いられていたシンプルな表現ですが，とても分かりやすいので毎年使わせてもらっています。それから，A・S・ニイルの，この言葉も。

「人は，他の人の自由を邪魔しない限り，自由にできる」

合わせると，自分の人権と友達の人権の両方が大切で，その折り合いをつけていくのが学校生活。そして，その人権の番人のような役割を果たし，子どもたちみんなの幸せを護るのが，担任の使命かな，と思っています。

◯ 伝えたいのは安心感と，大切にされている心地よさ

「みんなを幸せにするためにここにいるよ！」とくり返し聞かされることで，子どもたちに，自分が幸せでいることを希求していいということ，自分の人権は守られるべきものだということ，同じように友達の人権も大切だということを学ばせたいと考えています。

私はこれが，どんな勉強より大切だと思っているので，少し難しいですが，1年生から教えます。

そして，それを守るために先生はいるんだ，と理解してもらうことで，なにかあったら先生に相談すればいい，という安心感をもたせたいし，自分が，大人に大切にされる存在なのだ，と絶えず感じていてほしいのです。

ベースにこの信頼関係さえ構築できれば，ふだんの生活で，少々手荒く叱っても大丈夫です（笑）。

お天道様が見ています！
情けは人のためならず　袖振り合うも多生の縁

どんなときに使えるフレーズ？

　私はよく，子どもたちに昔からの言い伝えや諺を教えます。

　価値観が多様化して，社会状況も刻々と変化する現代。

　そんな中で，自分の価値観が正しいと思い込むのは危険です。

　けれど，何百年も言い継がれてきた言葉なら，それは真理。自信をもって子どもたちに伝えていいと考えます。とくにおススメはこの３つです。

◯ 「お天道様が見ています！」

　"お天道様"とは，太陽を親しみと畏敬を込めて呼ぶ言葉。太陽は，いつでもどこでも私たちに光を降り注ぐ。曇天や雨天でもその上に太陽はいます。つまり，「お天道様が見ている」というのは，絶えず誰かに見られて恥ずかしいことはしないようにしなさい，という戒めの言葉です。

　私は，最初にこのことを説明して，子どもたちに，「先生やおうちのひとやお友達に見られなくても，お天道様が見ています！　お天道様に見られて恥ずかしいことはしないよ！」と説きます。

　こう伝えることで，担任の目が届かないところでも，望ましい行動ができるよう，抑制効果も期待します。

○ 「情けは人のためならず」

人に優しくすると，まわりまわってその優しさが自分の所に戻ってくるという意味です。よく，優しくするとその人のためにならないから厳しくすべき，という意味に間違えられていますが，正しくはこちらです。

私は「人に優しくすると人を幸せにするだけではなく，自分も幸せになれるよ！」と，譲り合い・助け合いを奨励する際に，よくこの言葉を教えます。

○ 「袖振り合うも多生の縁」

ただすれ違うだけでも，前世からの縁がある。出会って知り合うのは，運命的な深い縁があってのこと。その出会いを大切に。という意味です。

「同じクラスになったっていうことは，生まれる前からご縁があったのだから，出会いを大切にしようね」と，年度のはじめに伝えます。

17 「どうすればいいですか?」と 聞かれたとき

> どうすればいいと
> 思いますか?

どんなときに使えるフレーズ?

子どもたちは，なににつけて「先生，〜はどうすればいいですか？」と聞いてきます。

そんな時，私はほとんどの場合で答えを言いません。

その代わりに使うのがこのセリフ。

すると子どもたちは，文字通り「きょとん」とした顔で私を見つめます。

◯ 「どうすればいいですか」は子どもの処世術

子どもたちが，何をするにも「どうすればいいですか」と指示を仰ぐのは，それまでの経験によるもの，と私は考えます。今は，子どもに目が行き届きすぎている時代。子どもたちは，親や園の先生，学校の先生から「〜しなさい」と言われ続けて育っています。そして，大人が望まない行動をしたら叱られます。そこで，指示がないときにも"正しい"行動をするために，大人がどうしてほしいのかを予めリサーチしているのです。

それなのに，今までと同じように先生に聞いたのに，指示が得られず，逆に聞き返されてしまった。

それで，「きょとん」とした顔になります。

○ 新しい時代を生きる力を… 大げさに言えばそういうこと

　もうずーっと前から，"自分のアタマでモノを考えられる子どもを育てる"のが教育の目標と言われていませんか？

　私はささやかながら，ホントにささやかながら，日常場面で「どうすればいいと思いますか」と聞き返すことで，これを実践しています。

　実際，こう聞き返された子どもはたいてい，少し考え込んで「わかった！…すればいいんだよね？」と相応しい答えを提案してきます。私は「そう！よくわかったね！」と高らかに褒め称えます。この時，実は，こちらが想定していた以上のグッドアイデアを子どもが思いつくことも多々あって，その力に驚かされます。

　子どもたちには内緒ですが，こちらが答えを持ち合わせていない質問をされたときに，とりあえずこのセリフで返す，という使い方もできます（笑）。

「〜していい?」と個人的に聞かれたら

みんなに聞いてみよう

どんなときに使えるフレーズ?

　たとえば，授業で使ったものの残りが教卓の上に置いてあるのを，要領の
いい子が目ざとく見つけ，「先生，これちょうだい」と言ってくる。

　そんな類のことって，教室の日常にはよくありますよね。

　もう必要のない，子どもに渡しても差し支えないものものであっても，こ
こで気軽に「いいよ」とは言いません。即答せず，必ずこの言葉で返します。

◯ 学級経営の鉄則は「どんな些細なチャンスも平等に」

　学級が崩れる，子どもとの信頼関係が成り立たない。それは先生にとって
の大ピンチです。このピンチを招かないための鉄則は，えこひいきしないこ
と。これは細心の注意を払って日々実践する必要があります。ほんと，子ど
もは，こちらがついうっかり「いいよ」とお返事しそうなタイミングで，う
まいこと聞いてくるのでね……

　私は，どんな些細なことでも，個別になにか言われたときには「みんなに
聞いてみてからね」と一旦返事を保留することを徹底しています。そして
「〇〇さんが□□って言っているけど，いい?」「ほかにも同じ希望の人はい
ますか?」と，学級全体の了承を得てからお返事します。

○ そのうち自主的に聞くように

なにを言われても，「みんなに聞いてみよう」とお返事するうちに，いつのまにか，なにか自分の希望を叶えたい時には，子ども自ら，「ねーみんなー，これもらっていい？」「○○したい人手ーあげてー」と聞くようになります。こうなれば，個別交渉は激減し，こちらもラクだし，子どもたちも，みんな公平にチャンスがあると安心できます。

○ 特別扱いをあえてすることも

ネグレクトが疑われる子などに，みんなに内緒で特別なことを許すこともあります。ただし，このやり方が正解なのかどうかはわかりません。もうそこは，職業的勘の世界。瞬発的に，そのときの判断に従うこともあります。

悪口を言うのは，天に唾を吐くのと同じ

どんなときに使えるフレーズ？

　実はこれ，私が小学生の時に当時の先生から教えてもらった言葉。

　いつ，どの先生に言われたかは忘れてしまったのですが，この言葉だけは強烈に覚えています。私は，よく友だちの悪口を言うタイプの子だったのですが，この言葉を聞いてから，それがピタリとおさまりました。

　そこで，私も文化の継承（笑）。

「天に唾（つば）を吐くのと同じ」って？

　上を向いて，そのままの姿勢で思い切り唾を吐く図をイメージしてください。自分の吐いた唾は，そのまま自分の顔にかかりますよね。

　つまり，「天に唾を吐くのと同じ」というのは，誰かの悪口を言って暮らしていると，必ず，自分が周りから悪口を言われるようになる，という喩えです。

　もちろん，低学年にいきなりこの喩えを伝えても，「？？？」ですから，最初に身振り手振りを交えてその意味を説明します。

　そして「悪口を言うのは，上を向いて天に唾を吐くのと同じ。必ず自分に戻ってきます」と年間を通じて伝え続けます。

　単純に，「悪口を言ってはいけません」とたしなめるより効果的です。

◯ 悪口の後ろ側にも配慮する

　そうは言っても，どうしても悪口を言いたい気持ちを抑えられないのが人情です。

　悪口を言わなければおさまらないほどの不満を抱えているわけですから，ただ表面的に悪口を抑えても，その子の不満はくすぶったまま。だからもちろん，どうしてその悪口を言うのかについても，丁寧に解きほぐします。

　……と言いたいところだけれど，現実は厳しい。

　1人で30人の学習を保障しつつ，子ども一人ひとりの心のひだまでケアするには，圧倒的に時間が足りません。

　だからこそ，未然予防というわけで，日々の温かい学級づくりを心がけるために，この本に紹介する言葉たちが生まれました。

　それでも実際は，悪戦苦闘の日々ですけどね（泣）。

どこで覚えたのですか？ 今すぐ忘れなさい！

どんなときに使えるフレーズ？

「ウザい」を筆頭に，美しくない言葉を使う子をたしなめるとき，

「そんな言葉を使っちゃいけません」

なんて手垢のついた言い方では，子どもの心に爪痕が残せない（笑）。

これでは，不適切な言葉は，もぐらたたきのように，注意しても注意してもおさまりません。そこで編み出したのが，このパターン。

「どこで覚えた？」と「忘れなさい！」は，セット

休み時間などに子どもたちと会話をしていると，聞き捨てならない，美しくない言葉を耳にすることがあります。

そんな時はすかさず，笑顔を消して発言した子と目線を合わせ，

「その言葉どこで覚えたの？　誰に教わったの？」

と訊ねます。すると，先生の顔色が変わったので，子どもはしまった，という顔で立ちすくみ，口をつぐんでしまいます。でもいいのです。答えは必要ありません。ただ，重ねてこう畳みかけます。

「まあいいです。どこで誰に教わったか，わからなくてもかまいません。とにかく，その言葉は今すぐ忘れなさい！　頭から消しちゃいなさい！」

◯ 低学年だから，注意するよりまず教える

　子どもたち，生まれたときには言葉を知らなかったのですから，美しくない言葉，不適切な発言は，必ずどこかで覚えた経緯があるはずです。けれどそれは，覚える必要のない言葉ですから，今すぐ忘れてしまえばいい。

　低学年の子どもでも，ときに驚くような言葉も気軽に使います。その言葉を使うことが，どれだけ自分の品性を貶めてしまうかわかっていないから，使ってしまうのです。そんな時は，頭ごなしに注意をするのでなく，その言葉を使うべきではないことの理由を説明してあげます。

　そして，「どこで覚えたの？」と問いかけることにより，その子ではなくその言葉が悪いのだと言外に伝え，「今すぐ忘れなさい」と指導することで，その言葉と無縁になることを印象付けるのです。

お下品禁止！

どんなときに使えるフレーズ？

低学年男子は，「うんち」「おしっこ」「ちんちん」を口にするのが大好き。「おしり」「おっぱい」も喜びますね……

でも，教室でそれを連発されるのは困ります。

そんなとき，この一言。

頭ごなしに，「そんな言葉，言っちゃダメ！」と叱るのは厳禁です。

◯ 将来，性的な興味が隠蔽されないように，否定はしない

「うんち」「おしっこ」は大切な体の排泄機能だし，「ちんちん」「おしり」「おっぱい」も，手足と同じ，体の大切な部分。それを「言っちゃダメ！」と頭ごなしに禁止すると，それらにネガティブイメージを植え付けてしまいます。すると，それは後々，子どもたちが排泄や性的な身体の部分，ひいてはセックスに関することは，隠すべき悪いことと認識する素地になりかねません。とくに，本来セックスは人間の本能であり，愛を交わしあったり子孫を残したりするための自然な行為であるのに，なにか後ろめたいもののような認識を定着させることは，様々な弊害を生み出すので厳禁です。

💬 文化として，マナーとして指導する

　とはいえ，教室内で「うんち」「おしっこ」「ちんちん」などの言葉が絶えず飛び交うことを容認するわけには行きません。いやな顔をしている子どもたちもいます。

　さあ，どういう声かけがいいだろう，長い間悩みました。

　排泄，セックスそれ自体は，なにも悪いことではない。けれどそれらを臆面もなく口にすることは，歓迎されるものではない。うーん。……そうか，言葉それ自体を否定するのではなく，文化，マナーとしてその類の言葉は口にしないのが，この国の社会常識であることを教えればいいんだ！

　という思考回路で，現在の「お下品，禁止！」が生まれました。

　（後日談）このフレーズを日々多用していたら，「マミ先生はお上品」というありがたい（？）イメージが付録でついてきました。子どもって単純！

> 知っていましたか?
> 知りませんでしたか?

どんなときに使えるフレーズ?

学校には大小様々なルールがありますから，全員がその全部を完璧に順守できるなんてありえません。

日常の場面では，どうしてもルール違反は起こります。

たいていは「今度は気を付けてね」で注意を終わりますが，看過できないルール違反に関しては，この言葉で指導します。

○ 知らなかったなら，今すぐ覚えなさい。

もしかしたら，そのルール自体を子どもが認識しておらず，知らず知らずのうちにルール違反になってしまったのかもしれません。反対に，ルールを知っていながら違反していた場合も少なくありません。

どちらにしても，まずは「～というルールを知っていましたか？　知りませんでしたか？」と訊ねるところから始めます。こう訊ねることで，守るべきルールについて意識させます。

知らなければ，「じゃあ，今すぐ覚えなさい。そして，もう覚えたんだから次からしないよ」と放免されます。

知っていたら，さあ大変。「では，なぜ，守りませんでしたか」と，問い詰められちゃいます（笑）。

◯ このルールを守らなければいけない理由は知っていますか

　ルールを知らなかった子も，知っていて守らなかった子も，引き続き，今度はルールの理由を「知っていましたか？　知りませんでしたか？」と聞かれ，先生と一緒に，そのルールの存在理由を確認します。

　ルールは，たくさんの子どもたちが一堂に集まって生活することを円滑に進めるための方便です。だからそれぞれに十分な理由がある。私はこれを，「みんなが幸せに暮らすために必要なこと」と説明しています。

　「◯◯しなければいけない」と行動を制限されるルールは，子どもにとって窮屈なものです。でも，その背景に，…という理由があるからという知識があれば，守らなくちゃいけないという意識は自ずと生まれます。

　逆に，だからこそ意味のないルールは排除し，先生もルールを一緒に守り，子どもが，ルールを守ることを納得する状況を維持するよう心がけています。

人生には，そういうこともある!

どんなときに使えるフレーズ?

　一人ひとりの子どもたちにとって，たくさんの友だちと過ごす学校の日常は，思い通りに行かないことも少なくないです。

　学習の場面でも，図画工作で，自分が思ったように制作物が仕上がらなかったり，体育のボールゲームでチームが負けてしまったり，いろいろあります。でも，長〜い人生には，そういうことって，たくさんありますよね。

💬 長い人生を考えたら，これはちっぽけなできこと

　子どもにとっては目の前のことが全てですから，思い通りに行かなかったときは，そのことにばかり心が囚われていることでしょう。

　この言葉は，そんな子どもの中にある時間軸を，"今"から"人生"という長〜い期間に転換してあげる効果をもちます。

　人生という長い規模で考えたら，小学校低学年時代のたった1つの出来事は，そんなに嘆き悲しむことでもない。今回はうまくいかなかったけど，まだまだこれからうまくいくことだって，いいことだって，いっぱいある。

　そんな思いを込めて，私は思い通りに行かないことがあった子に，

　「人生には，そういうこともある！」

　と声をかけるのです。

◯「思い通りに行かない」に直面することは，かけがえのない経験

　私たち大人は，子どもに悲しい思いをさせないようにしてあげたい，と，つい，様々に配慮をしてしまいがちです。

　けれど，思い通りに行かない，うまくいかない，というストレスと直面して，それに向き合い対処することは，実は子どもにとって何よりの学習。教科の学習より大切なことです。

　マイナスの経験を大切にしよう。

　そう心に留めておくと，子どもが試練に直面しても，心穏やかに見守ることができます。もちろん，最大限の配慮をし，子どもがキャパオーバーにならないよう，寄り添うことは不可欠です。

　どこまで手を出さずに見守り，どこまでさりげなくフォローするか，そこは先生一人ひとりの個性によって，様々なやり方があると思います。

> # ちっぽけなことでは
> # 怒りません!

どんなときに使えるフレーズ?

　「○○くんが筆箱をさわった」という程度の些細な訴えを，子どもたちはまるで世界で一番不幸な目に遭ったと言わんばかりに訴えてきます。けれど正直，その一つひとつに丁寧に寄り添っていたら，時間がいくつあっても足りません。そんなときにこの一言。

　ただし，このセリフには，大事な続きがあるのです……

◯ ちっぽけなことでは怒りません!　そんなことより……

　これは丁寧に聞かなくても問題ないだろう，と判断した訴えに関しては，基本的に，私はこのマジックフレーズで返します。

　「ちっぽけなことでは怒りません!　どうせ怒るんだったら，世界に紛争がなくならないとか，今この瞬間にも辛い状況の人たちがたくさんいるとか，そういうことに怒りなさい!」　こう言うと，子どもは，わかったようなわからないような顔で，でもなぜか，怒りは鎮めなくちゃいけないんだなということは納得して，すごすごと退散します。

　このセリフは，数あるマジックフレーズの中でも，とくに私のお気に入りで，けっこうよく使います。

○ 畏れをもって仕事をしなければと身が引き締まった話

　ある日，また，同じような些末なことを訴えてきた子がいたので，さっそく私はこのマジックフレーズを語り始めました。「あのね，そんなちっぽけなことで怒ってどうするの！　そんなことより…」

　そこまで言いかけた途端，その子は私の言葉を遮ってこう続けました。「わかったわかった。もういいよ。世界平和が実現しないこととかに怒れっていうんでしょう？　もうわかってるから！」

　彼は，そう言い捨てると，颯爽と私の前から去っていきました。

　その子は1年生から担任していた，私のクラス2年目のベテランですが，それにしても，小学校2年生にしてこのセリフ……

　教師の教えって，こうまで浸透するもんなんですねえ。畏れをもって仕事をしなければと，ちょっと震えました。

あなたが〇〇なのは，先生がイヤです！

どんなときに使えるフレーズ?

「先生は，みんなを幸せにするためにここにいるんだからね！」と毎年おなじみのセリフを学級全体に伝えたとき，こう言った子がいました。

「俺，別に幸せになんかならなくてもいいもん」

私は，こう答えました。「ダメです。あなたが幸せじゃないのは，先生がイヤです！　だからあなたにも，幸せになってもらいます！」

○ ベースは，「私（アイ）メッセージ」

コミュニケーションの有名な技法の1つに，通称「私（アイ）メッセージ」というものがあります。

相手に対し「こうしろ」「こうなれ」というのが，相手に変容を求めるメッセージであるのに対し，私メッセージは，相手が「こうあってほしいと自分（私）が思う」という，あくまで自分主体の考え方，表現なのです。

今回の「あなたが〇〇なのは，先生がイヤです」というのは，つまり，私メッセージです。

ただ，私の場合はその後に，だから‥‥して，‥‥になってもらいます，というかなり強引な要求がくっついておりますが……

○ 本当はみんな善くなりたいはず，幸せになりたいはず…

「自分なんかどうだっていい」「どうせ俺なんか‥だから」という子どもたちが，本当に心の底からそんなふうに思っているわけがないという確信。

それが私の強力な味方です。

それがあるからこそ，私メッセージの後に，こんな強引な要求を突き付けられるのです。

本来，コミュニケーションにおいては望ましくないと言われる，使役の変容要求ですが，子どもの心の奥底にある根源的な欲求の代弁であるなら，それは，子どもにとって大きな力になると信じています。

「あなたは善くならなければいけない」

「あなたは幸せにならなければいけない」

そう断言して，封印した思いを解き放つのです。

マミ先生は，ゴキゲンナナメ!

どんなときに使えるフレーズ？

　伝えなくちゃいけないことがあるのに，子どもたちがざわざわして，話を聞かないとき。

　私は，腕を胸の前で縦にして，マミ先生ゴキゲンメーターをつくります。

　そして，大きな声で「ねえ，ちょっと！」と呼びかけ，立てた腕を大きく横に振りきり，子どもたちの聴覚と視覚に訴えます。

　「マミ先生のゴキゲンメーター，こんなにナナメになっちゃったんだけど！」

◯ 大人の機嫌に敏感な，子どもの感覚に訴える

　家では親（保護者）の，学校では先生の，大人たちのご機嫌に，子どもはとっても敏感です。大人に笑顔が多ければ，子どもはほっとしてのびのびと活動します。逆に，いつ怒るかわからないとか，怒るととっても怖いとか，そんな大人の前ではびくびくとして過ごさなければなりません。

　というわけで，プロとして，私は教室でなるべく笑顔を絶やさないよう努力していますが，逆に，注目を集めたいときは，この子どもの習性に，こうして自ら訴えます。いつも優しい（自称ですが笑）マミ先生がゴキゲンナナメとは大変だ！　急いで静かにお話聞かないと！

低学年は，素直にそう思ってくれるから可愛いです。

○ 子どものもつ，生来の優しさに訴える

「先生はゴキゲンナナメ」が通用する理由は，大人の機嫌への感度や低学年の素直さだけではありません。

ほかにも，双方の信頼関係というか愛情の問題があります。ある程度こちらを好きでいてくれないと，ゴキゲンナナメだからと訴えても聞いてはもらえません。そしてなにより大きいのは，子どもには，生来の優しさがあること。結局，先生がイヤな気持ちになっているみたいだから，機嫌直してあげよう，という優しさが，子どもたちをスーッと静かにさせるのです。

子どもたちの優しさに応えて，私はへの時になっていた口を笑顔に戻し，横に大きく倒れていた腕のゴキゲンメーターも，まっすぐ縦に戻します。

「よかった！　ゴキゲンメーターなおったよ」

私のその一言で，子どもたちもにっこり笑顔になるのです。

どんな理由があっても，
暴力した方が悪いです

どんなときに使えるフレーズ？

どうしてなんでしょう。

あんなにくりかえし，友だちをぶったりけったりしてはいけない，と日々言い聞かせるのに，どうしても，暴力に訴えてしまう子がいます。

私は，この件に関しては，たとえどんなに相手がひどいことを言っても，身体的暴力を振るったほうが全面的に悪い，というルールを徹底しています。

◯ 身体を傷つけたら必ず罪になる

我慢に我慢を重ね，最後の最後に思わず手が出て怪我をさせたとしても，罪に問われるのは，身体的な怪我を負わせた方で，最初に心を傷つけた方は罪（刑事罰）に問われません。

理不尽ですけど，それが現代の大人社会の法律です。

だから私は，これに準じて，子どもたちにも「どんな理由があっても，手や足を出したら，その瞬間に暴力した方が悪くなる」と伝えています。

子どもはやがて大人になります。だからそれまでに，この法律の下で，罪を犯さず，法を守りつつ自分の意見を主張できる生き方を身につけてほしいと考えているのです。同時に，教室内の暴力を徹底的に抑制し，安心して過ごせる環境を守りたいという希望も，当然あります。

◯ 暴力の後ろ側にあるもの

　もちろん，だからと言って，暴力の後ろ側に潜んでいるものをそのままにはしません。

　暴力の理由は，先に述べたような我慢の限界だったかもしれないし，家庭でのDVの再現の場合もあります。あるいは，発達障害があって，我慢がきかないというケースも。

　それらを丁寧に紐解いていかないと，暴力は繰り返されるばかりです。

　また，身体的暴力だけでなく，心理的な暴力も見逃すわけにはいきません。同じように丁寧に，その背景を探ります。

　幸せな子どもが，わざわざ友達に暴力を振るうわけはないのです。嫌なことを言うわけもない。自分が幸せだったら，他の人にも幸せになってほしいと願うのが自然です。

　暴力的な子には，きっと何か事情があります。

> ## さとうたえこちゃんの
> ## 話をするよ

どんなときに使えるフレーズ?

　マジックフレーズの1つとして紹介するには長すぎるエピソードですが,私の小学生時代の忘れられない思い出を,毎年子どもたちに話します。

　同級生だった,さとうたえこちゃんのお話です。

　※教室では実名で話しますが,今回は仮名で表記しています。

◯ 人気者なのに,中心グループには入らないたえこちゃん

　勉強もスポーツもできて,性格が良くてルックスも可愛くて。さとうたえこちゃんはクラスで一番の人気者でした。だけど,なぜかいつも,目立たない,いわゆるイケてない女子たちと一緒にいる,不思議な人でした。

　高学年の頃,私のクラスはいつも女子の誰かが仲間はずれにされていて,私も標的になったことがあります。一度標的にされると,数週間はその状態が続くので,みんな,いつ自分がその標的になるかとびくびくしていました。

　ある日,たえこちゃんを標的にしようという話がもち上がりました。早速,クラス全員で彼女を仲間はずれにし始めたのですが,半日もたず… みんな,大好きなたえこちゃんを仲間はずれにすることができなかったのです。

◯ 仲間はずれになっても，受け入れてくれた人

そんなわけで，さとうたえこちゃんはクラスで唯一，仲間はずれになることのない女子でした。そしてそれだけでなく，彼女は必ず，仲間はずれになった子を自分のグループに招き入れ，仲間はずれが解けて元のグループに戻れるまでの間，ずっと一緒に過ごしてくれるのでした。一方私は，保身のために，自分以外の子が仲間はずれになるよう狡猾に動くような子どもでした。

私は，あの頃の自分のやったことを身震いするほど後悔しています。同時に，小学生ながら，流されずに堂々と，人として正しい生き方を全うした，たえこちゃんの崇高さには，今でも感銘を覚えます。

私は毎年このエピソードをクラスの子どもたちに伝えます。そして一言。

「みんなは，さとうたえこちゃんみたいにならなくちゃだめなんだからね！」

先生はあなたがだーいすき!

どんなときに使えるフレーズ?

「先生なんか大キライ！」と言われても，あまりのことにショックで言葉を失ったり，こんなに一所懸命やっているのに，なんでわかってくれないの……なんて嘆いたりしてはいけません。

間髪を入れずに，こう言い返しましょう。

「あなたがどんなに先生キライでも，先生はあなたのことがだーい好き！」

◯ 「先生大好き!」と言われても…

低学年は「先生大好き！」がデフォルトですから，なかなか「キライ！」と言われることはないと思います。にもかかわらず「キライ」と言うなら，なぜそう言うのかをよく分析する必要はありますが，とりあえず瞬発的には，必ずこう返しましょう。また，分析の際は，子どもに直接「なぜ」と聞く前に，自分自身で子どもの発言の真意を探りあてる努力をしてください。

「先生大好き！」なら，よく言われると思いますが，こちらも同じように「先生はあなたが大好き！」と返します。ただ，ちょっとアレンジを加えます。……こんなふうに。

「ありがとう！　でも，あなたが先生を好きって思ってくれている気持ちの何倍も，先生はあなたのことが大大だーい好きだからね！」

💬 ぜったいキライになりません

学級全体に対しても，私は折に触れて，自分の気持ちを子どもに伝えます。

「先生は，どんなことがあったって，みんなのことを1ミリもキライになることはありません。宿題をやらなくても，給食を残しても，友だちにイヤなことをしても，先生のクラスの子じゃなくなっても，だーい好きです」

（……ホントは，低学年は1ミリという長さを習っていない時期もあるんですけど，ニュアンスを伝えるのにピッタリなので使っています）

それから，特になんでもできる優等生の子には，毎年必ず個別に声をかけます。優等生は，もしかしたら，家庭で条件付きの愛（〜ができるあなたが好き）しか受けていない場合もあるかもしれないので……

「言っておくけど，あなたが何もできなくて，どうしようもない子だったとしても，先生があなたを好きな気持ちは，1ミリも減らないからね！」

あいしてる。ありがとう。
あなたのおかげ。

どんなときに使えるフレーズ?

学校の先生風にいえば,
「子どもたちに, いつでも機会を見つけては, 3つの あ を伝えましょう。
3つの あ とは, あいしてる, ありがとう, あなたのおかげ の3つです」
って, 感じですかね。
……あ, 私も先生でしたね(笑)

◯ あいしてる。

「低学年だから臆面もなくそう伝えられるんだよ。高学年に『愛してる』
なんて言ったら気味悪がられちゃうかも」と同僚に言われたことがあります。
　そのくらい私がのべつ幕なしに子どもに愛を伝えていることは, 校内でも
周知の事実。ただ, その同僚は, 続けて, こうも言いました。
「でも, もしかしたら, 高学年だってマミさん流に, 臆面もなく愛を伝え
るほうがいいのかもしれないなあ」

◯ ありがとう。

ほんのささいなことでも, 子どもが何かしてくれた時は, 「〜してくれて

ありがとう」とその行為を明確にして感謝します。

　たとえば，通り抜けざまに，さりげなく机の位置を直すとか，友達の遅れた準備を手伝うとか。教室には，そういう小さな親切がいたるところにある，けれど多くが見過ごされています。

　だから，せめて見つけたときには，大げさに感謝するとともに，その人間性を褒めてあげたいのです。

◯ あなたのおかげ。

　お恥ずかしい話ですが，私はよく学習準備や子どもに伝えることなどで，抜けていることがあります。そんなとき，よく気がつく子が「先生，〜じゃないの？」と指摘してくれるのです。そこでいつも「ありがとう，あなたのおかげだよ〜」と感謝の意を伝えます。あ，つまりこれはマジックフレーズというより，私の心から思わず出てしまう，日常言葉でしたね（汗）。

Column

みえないけれどたいせつなものもつたえたい

―学校の日常時間の使い方―

新しい学年，新しいクラス。

新学期早々，子どもたちから様々な訴えが，担任のもとに持ち込まれます。

「せんせー，××くんが○○しましたー」

「△△くんが，□□してくるんですけどー」

などなどなど……

みんな，自分が正しくて相手は間違っている，あんなことするなんて

信じられない，自分は正義を背負っている，悪は正されるべきだ，

という思いを満面に浮かべ，まったく，こんな世の中は嫌だ，

というような顔で眉をしかめて，"先生"に必死で訴えてきます。

そりゃもちろん，××くんや△△くんにも，丁寧に指導するけれど，

鬼の首を取ったかのように言ってくる子たちにも，1年かけて，

●ものごとは，たんじゅんに，ただしいこと　と　そうでないこと　に

　分けられるもんじゃない

●できるようになるのが　はやいひととおそいひとがいる

●あいてをゆるす・きらくにやる　っていうしあわせだってある

とか，あるいは，

●よのなかは　けっこうたのしくて　そうすてたもんじゃない

●ねっからわるいひとなんて　そういるもんじゃない

っていうようなことを，じっくり，伝えていきたいと思っています。

先生の仕事は，勉強を教えること。だけどどうしたって，こうして，

「生きる」ことそのものを教える機会がたくさんあります。

それは逃れられないから，自分の価値観を押し付けているのではないか

という畏れにおびえながら，でも，自分を信じてやるしかない。

だからいつも，なにが真理なのかを考え続けなければ…　と，

イイ年をして，青臭いことをまだ思っています。

第**4**章

けんかやトラブル
で使える
マジックフレーズ

給食を食べているときに 聞きます

どんなときに使えるフレーズ?

　授業開始5分前に，校庭から帰ってきた子どもたちに，中休みのトラブルを訴えられても，仲裁時間はあと数分しかない。

　そんなとき私は，

「今はゆっくり聞く時間がないので，給食を食べているときに聞きます」

と伝えます。

○ 「さっきの話だけど…」「あ，あれ，もういいや」えー!?

　こう言うと，ほぼ100%の確率で，訴えはいったん終了します。

　プンプン怒っているトラブル被害者の子どもたちも，この言葉を聞くと，

「準備がすんでいるクラスメートを待たせて，急かされて話すより，給食を食べながらゆっくり聞いてもらうほうがいい」

と，とっさに判断するらしく，すぐに席についてくれます。

　そして，給食をある程度食べ，おなかが落ち着いた頃を見計らって，私は，トラブルを直訴してきた子どものところに，順番に行きます。1人ずつ椅子の後ろから，しゃがんでそっと「さっきの話なんだけど…」と話しかけると，「あ，もういい」とそっけない返事が必ず帰ってきます。

　えーー!?　さっきはあんなに怒っていたのに!?

○ 食べ物の力は偉大

どうも，おなかが満たされて気分が良くなると，なんでも許せてしまうということらしいです。

様子を見ていると，トラブルの相手とすっかり仲直りして，ニコニコ給食を食べています。

「給食を食べている時に聞きます」と言わずにその場で話を聞いていたら，授業の最初の10分間は間違いなく潰れただろうし，待たされる他の子もウンザリだったはずです。

最初は，授業時間を潰さないために始めたことなのですが，今では"給食を食べれば，子どものトラブルは仲裁しなくても解決する"というセオリーを見つけたので，積極的にこの方法を活用しています。

おすすめです！（もちろんごくたまーに例外で怒り続ける子もいます笑。）

「なんで」を使わないで
伝えましょう

どんなときに使えるフレーズ?

　トラブルを訴えられたとき，当事者を呼んで子ども同士で話し合いをさせると，100%に近い確率で，「ねえ，なんで〜するの?」と話し始めます。すると，責められた方は「だって〜だから」と返し，責めている方も「でも…」と反論し……　争いは止まりません。これを避けるため，子ども同士の話し合いでは，「なんで」を使用禁止にしています。

◯ 「私・ぼくは〜されてイヤだったよ」

　「なんで」を使わないというルールをしいておき，その代わり「私・ぼくは〜されてイヤだったよ」という話型を教えると，話し合いはすぐに終了します。こんな感じで。

　「私は〜されてイヤだったよ」「わかった。……ごめん」

　「なんで」と問われれば「だって」と言い訳する余地がありますが，「〜がイヤだった」と事実を伝えられたら，謝るより仕方ないというわけです。

　もちろん，言われた方にも正当な理由がある場合には，同じように「ぼくは〜と思ったんだよ」と説明すればいいわけで。

　こうすれば，お互いに責めることなく理解し合うことができます。

○「気づかなかったけど，そうだったらごめんね」

　言われた方がイヤなことをしたのを気づいていなかったり，あるいは謝りたくないから，「気づかなかった」と，とぼけたりすることもあります。

　その場合は「気づかなかったけど，そうだったらごめんね」という話型を教えます。これさえも言えない子には，私は無理強いをしません。「そのうち謝れるようになろうね」と諭すにとどめ，訴えてきた子に「先生が代わりに謝るから，謝らなくても赦してあげよう」と言います。そうすると，ぜったい謝らないと頑張っていた子でも，あわてて，ぶっきらぼうに「ごめんね！」と言います。ごくたまに，それでもまだ無言の子はいます。そんな時には「今は謝るのできないみたいだから大目に見てあげて」「次は言えるようになろう」と言って放免します。無理やり謝らせるより，赦し赦されることを体感させる方が効果的と思い，そうしています。

ゆずれた人が幸せになれます

どんなときに使えるフレーズ？

並んでいるところに横はいりされた！

「せんせー，××ちゃんが順番を守りませーん」

憤慨した子どもが訴えます。

そんなとき，横はいりした子をいさめず，代わりに言うのが，この言葉。

「どっちがゆずれますか？　ゆずれた人が将来幸せになれます」

💬 赦されることで，人は罪の意識を持つようになる

　「ゆずれた方が幸せになれる」と伝えると，たいてい，横はいりされて怒っていた子のほうが，「じゃあ，いいよ」とゆずります。するとそれを聞いて，横はいりした子も「やっぱ，いいや」とすごすご後ろに行きます。たまに，横はりした子が，ゆずられたのをいいことに，そのまま居座ってしまうこともありますが，それも赦してあげます。

　横はいりされた方としては，並び順が少し遅くても，結局は数秒の違いですから，「幸せになれる」と保証されたら，「まあいいや」と思えるもの。

　横はいりして居座る方も，最初こそ「ラッキー」とうそぶいていますが，自分のルール違反がそのまま認められてしまうのはとても苦しいことなので，だんだんとやらなくなっていきます。

○ 情けは人のためならず

「先生はそう言うけど腑に落ちない。いっつもこの子，横はいりするのに！」

そんなセリフが顔に書いてあるときは，状況に応じて横はいりをいさめることもあります。すべてはケースバイケース。

赦した良い子をじっと見つめて，「あなたは将来ぜーったいに幸せになれる！」と断言し，居座った強情っ子には，「つぎはゆずれるようにがんばりなさいよ！　あなたにも幸せになってほしいから！」と伝えることがほとんどですが。

「将来ぜーったい幸せになれる！」なんて言い切って大丈夫？　と心配していませんか。大丈夫。私のように長く生きて経験を積んでいるとそれはもう断言できます。自分より人を優先できる人には確実に幸福が巡ってきます。

「情けは人のためならず」です！

> # 言った人が間違い。
> # 本当は違うよ。

どんなときに使えるフレーズ?

「○○くんに××って言われた」っていう訴えも，よくありますよね。

先生としては○○くんを呼んで「そんなこと言っちゃダメでしょ」と叱るのがスタンダードだと思います。

けれどもそれだけでは，言われた方に「自分は××なのかな？」という不安が残ったまま。だから，必ずこの言葉を伝えます。

💬 非難や強い批判は，する方にその必要性があってすること

非難や強い批判は，される方に落ち度があるのではなく，する方にそうする必要性があってすること。

これは，世の中にあふれる攻撃性への私なりの結論です。

もし，相手に伝えたいことがあるのなら，相手をイヤ気持ちにすることなく，柔らかい表現で自分の思いを伝えればいい。

それができないのは，言う方の心にそうしなくてはいられない事情，攻撃的になってしまう習慣があるから。だから，言われた方が自分の存在に落ち度があるのかもと悩む必要はない。

まあ，小学生の場合は，ただ単に，そのことが相手を傷つける言葉だと意識せず，つい言ってしまったというパターンが多いんですけどね。

○ 攻撃的な言葉に，肯定的な言葉で返す方法

「死ね！」という言葉を平気で使う子がいます。私はこのことがとてもイヤで，目を吊り上げて怒ってしまいます。ダメなものはダメ。「死ね！」はひどすぎます。けれど，どんなひどい言葉にも，肯定的な言葉で返す方法があります。

「死ね！」にはすかさず「生きる！」と言い返せばいい。これは，お笑い芸人のFUJIWARA原西さんがテレビで言っていたものの受け売りですが，最初に聞いたときには，その発想に驚愕しました。

「そうか，この方法があったのか！」

以来，「死ねって言われたんだけど……」と言ってくる子には，「冗談じゃない！　『生きる！』って言ってやりなさい」と伝えます。すると，ぱあっと明るい表情になり，「わかった！」と言って戻って行きます。

次の3つから選びます

どんなときに使えるフレーズ?

　仲裁に入って，けんか当事者の言い分を聞くのだけれど，泣きじゃくっていたり，興奮しすぎていたり，で，なにを言っているのかわからない。

　そんなとき，どうもこういうことではないのだろうか，と想像できることを3つの選択肢にして提示します。

💬 泣きながら，怒りながら，「〇番!」と答える子どもたち

　そもそも低学年は説明が下手。ましてやプンプン怒っている精神状態で，まともに状況を再現できるわけがない。そこで，こちらでできるだけ正確に想像してあげて，少しずつ違う選択肢をつくり，提示します。たとえば，

　「確認するよ!

　①〇〇ちゃんが，◆◆したから，△△になった。

　②××ちゃんが，△△しちゃって，〇〇ちゃんが◆◆しちゃった。

　③〇〇ちゃんも，××ちゃんも，◆◆しちゃった。

　さあどれ?」

　という感じ。先生に問い詰められて，泣きながら，あるいは怒りながらも「〇番!」とちゃんと答える姿が，愛らしいです。

◯ 選択肢以外の回答も受け付けます！

　断片的な証言と，当事者たちのもともとのキャラクターとを合わせて，なんとか真実に迫るのですが，もちろん，微妙に違うこともある。

　そんなときにも，3つの選択肢があると，一番似ている状況説明をきっかけに，子どもたちのより正確な証言を引き出せます。

　「③番だけど，でも，◆◆したのは，□□だと思ったからだよ……」
という具合。

　「そうそう，だって，〇〇ちゃん，最初は◆◆してなかったもん！」
なんて目撃者の証言を引き出すこともできます。

　ただ，こんなふうに丁寧に話を聞いてあげるのは，よっぽどこじれて，そうしなければいけないときだけです。

　もっと時短で解決するための方法は，またこの後で。

悪いことしたなあと思う人は
手を挙げて

どんなときに使えるフレーズ?

　もう起きてしまったけんかの原因を，後から子どもに聞いても，たいてい
は水かけ論になります。

　これ以上丁寧に聞いていっても，到底真実に辿り着けそうにない。

　あるいは，解決に時間をかける余裕がない。

　そんなときは，原因を探る質問を取りやめこう言います。

◯「質問をかえます」

　どっちが先とか，だれが何をしたとか，けんかの原因を丁寧に紐解いて，
それぞれを納得させておさめるのが，けんか解決の常だと思います。

　でも，この方法だとお互いの主張がかみ合わず水かけ論になってしまうと，
いくら時間をかけてもきりがありません。

　そんな状態に陥ったとき，私はこの方法を使います。

　「ふたりの言いたいことはわかりました。質問をかえます」

　まずはこうリセットする。そして双方にこう聞きます。

　「どっちが先か，どっちが何をしたとか，そういうこと関係なしに，少し
でも，自分が相手に悪いことをしたなあ，と思う人は手を挙げて」

○ ほとんどのケースで，そろそろと両方が手を挙げる

けんか両成敗という言葉がありますが，実際，こう聞くとほとんどのケースで，両方が手を挙げます。ごくたまーに，片方だけ手を挙げない子もいますが，その場合は，ケースバイケースで対処します。本当に，悪いところがないパターンと，自分の非を認められないパターンがありますので……

○ いきなりこの手法を使うのはご法度です

まったく事情を聞かずに，いきなりこの方法を使うのはおすすめしません。ある程度話し合ったけど，解決できそうにないという先生と子どものコンセンサスがあって初めて，子どもはこの方法が受け入れられる。だから，「質問をかえます」というセリフが，実は大切です。

> ## この先，
> ## ふたりはどうなりたいの?

どんなときに使えるフレーズ?

様々な策を講じても，なかなかお互い納得しない。

そんなときに，私がよく，ため息混じりにつぶやく言葉です。

せっかく同じクラスで学び，一緒に遊ぶ友達になったのに，お互い憎み合って，この先の日々を過ごすつもりですか……

言葉にならないため息には，そんな思いがこもっています。

💬 仲良くしていきたいに決まっている

たいてい，子どもたちは「仲良くしていきたい」と答えます。答えに躊躇している子も，「①仲良くしたい，②仲良くしたくない，さあどっち?」と箇条書きの選択肢で畳みかけると，少しふてくされながらも「①番」と答えます。

その答えを受けて私は，「じゃあどうする?」と聞きます。

こうなるともう，子どもたちは，「仲直りする」と答えるよりほかありません。

本音のところでは，すぐに仲直りしたいし，これからも仲良くしていきたいのですから，少々強引ではありますが，この方法もありと思っています。

○ もう仲良くしたくないと言い張る子たちは……

ところが，なかには，私の問いかけに「もう仲良くしたくない」と答える子もいます。

意地を張っているだけなら，その意地を解きほぐせばよいのですが，本気でそう思っている子もいます。

その場合，私は「どうしてそんなことを言うの。せっかく同じクラスになれた仲間なのに」と説得することはしません。

「わかりました」とだけ答えて解き放します。

するとその後，ほぼ100％の割合でふたりは仲直りし，それどころか以前よりも仲良くなっていたりします。これは，低学年ゆえの現象なのでしょうか。

子どもの行動は，大人にとっては不可思議なことがままありますね。

097

38 けんかの解決　究極

> ## もういい!
> ## 思う存分やりなさい!

どんなときに使えるフレーズ?

これは禁じ手です。

絶対におすすめできません。

けれど長い教員生活，様々な子ども同士のトラブルに直面し続ける間には，覚悟を決めてこう言いたくなるときもあることを，読者の先生方にもお伝えしたかったのです。

◯ 先生たいへん!　けんかがはじまっちゃった!

そもそも，取っ組み合いのけんかなど起こらないように学級運営をするべきなのです。偉そうにマジックフレーズを並べておりますが，それが完璧にできていないことを，ここに告白します。

そして，その結果，ごくたまにではありますが，子ども同士のなぐるけるの大げんかが勃発し，あわてて仲裁に入ることがあります。

ふたりとも興奮していてなかなかおさまらない。しかも，ダメだと言われているのに手が出ているくらいですから，けんかの理由も，魂に近いところにある問題。そういうことなら，我慢できずに手が出てしまうのもわかるよ……　と言いたくなることだったりします。

なんとか説得を試みるものの，当然，全く効きません。

○ とっさに口を突いて出た言葉

　睨みあう2人の思いは，小手先ではおさめきれないと瞬時に感じたとき，私は，ふたりを他の子どもたちから離し，広い場所に連れて行ってこう言いました。

　「もういい！　ここで思う存分やりなさい！　ただし，ふたりがぶったりけったりし合って，どちらかがけがをしたら，先生はクビになるからね。だって，ふたりにけがをさせて，安全を守れなかったんだから！　先生は小学校の先生の仕事大好きだから，ふたりのせいでやめさせられたら，一生恨むからね。それでもいいならやりなさいよ！　さあ！」

　鬼の形相で感情に任せた，酷いやり方です。

　だけど，子ども同士だって，真剣な気持ちでぶつかり合っていたのですから，私も本音でぶつかるしかなかったのです。

39 ものかくし・らくがき・いじめ などがあったとき

やった人が幸せじゃない
のかなって，心配です

どんなときに使えるフレーズ？

　今の子どもたちは，昭和の頃より，「いじめは悪いこと」という認識を強くもっているように感じます。それでも，ゼロというわけではない。同様に，ものかくし，らくがきなどの問題もあり，それぞれ，誰がやったかわからないケースもあります。このような，胸のふさがるような事件が起きたとき，私は，クラス全体に必ずこう伝えます。

💬 心配なのは，やられたほうじゃなくてやったほう

　幸せな人は，人を不幸にしない。

　これは，100年前の教育家，Ａ・Ｓ・ニイルに教わったセオリーです。確かに，自分が満たされていれば，わざわざ人をイヤな気持ちになんかするわけありません。つまり，ものかくし，らくがきといったクラスの事件は，やる人が幸せじゃないから起きるのです。

　だから，

　「やられたほうの子には何の落ち度もなくて，やった人の問題なのだから，言われた言葉・やられたことをなにも気にする必要はないけれど，やったほうの子は，きっと何か幸せじゃない理由があるはずだから，とても心配」

　と伝えます。

◯ 個別のケアも必要です

　このような問題では，やられた子にケアが必要であると同時に，やった子もケアをしなければなりません。「幸せじゃないかも，と心配しているよ」というメッセージは，やった子が名乗り出やすくするためにも効果的です。

◯ 「ねえ，やったのは誰だったの?」にどう答える?

　毎日新しいことが起きる学校では，日々の事件はどんどん子どもの記憶から消えていきます。そんな時はわざわざ結果報告をする必要はありません。

　しかし，子どもたちが事件を気にし続けている場合は，きちんと事実を伝えたほうがいいと考えます。その際，最初の「幸せじゃないからやってしまった」という理解を再確認し，やった子を責めずに受け入れるよう促します。

ちがう言い方・ちがうやり方を練習するよ

どんなときに使えるフレーズ?

　日々口を酸っぱくして「ひどい言葉，汚い言葉を言わない」「ぶったりけったりしない」と伝えているのに，どうしても治らない子っていますよね。

　「やるな」と言っても無理ならば，今までとは違う，新しいやり方を覚え，繰り返し練習し，コミュニケーションの方法をアップデートしてもらおうと考えました。

◯ 今までの人生で培ってきた文化と本人の気質と

　暴言ばかりだから，暴力をすぐ振るうから，あの子は悪い子。なんて単純な考えの先生はどこにもいないと思います。

　その子がそうなってしまうのは，これまでの人生で培ってきたやり方だったり，発達障害による現実との折り合いの悪さだったり，なにかしらの理由があってのこと。

　学校だけで，その子が慣れ親しんできたそのコミュニケーションスタイルを排除し，新しいスタイルを植えつけるのはなかなか難しいけれど，それ以外に選択肢はないと私は考えます。

　そのためには，暴言暴力が起きるたび毎に，ただそれをいさめるだけでなく，毎回必ず，新しいやり方をレッスンします。

◯ 小さなSST（ソーシャルスキルトレーニング）の積み重ね

　私は勝手に，自分の実践をミニSSTと名付けています。子どもが暴言暴力に訴えてしまった際に，すぐ，その場に相応しく，なおかつ柔らかな言葉でのコミュニケーションを教え，何度か繰り返してレッスンします。

　「今は，ぶつところじゃないよ。ぶつかわりに『ぼくはそういうのはいやだよ』って言葉で言うよ。さあ練習！」

　「ぼくはそういうのはいやだよ」

　「そうです！　もう1回！」

　「ぼくはそういうのはいやだよ」

　「そうです。次からぶたないでこの言葉を使います。わかったね」

　こんな感じ。でも，なかなか治りませんよ。くり返し，くり返し，くり返し……　1年を通して練習し続けます。

Column

「楽しかったです，また行きたいですって書いとけ!」
―行事のめあてとふりかえり―

私（母親）がいることを知らずに，会話していた我が家の小学生兄弟。

「どうしたんだよ」

「明日社会科見学なんだー」

「へえ，そうなんだー，楽しみだな」

「うん，"めあて" さえなければねー」

「あー（兄，大きくうなずく）」

「かならず言われるじゃん，
『今日のめあてはなんですか』『めあてをもって行動しましょう』って」

「まあな。しょーがねーよ，学校なんだから」

「なんで，学校ってめあてあるのかなー」

「まあなー。うぜーよなー」

「あとさ，帰った後にもふりかえりの感想書かなくちゃいけないじゃん。
俺，あれも苦手なんだよ」

「ばかだな，あれは書き方決まってるんだぞ」

「え?」

「お前考えて書いてたのか?」

「うん」

「あれはな，『楽しかったです。見学のとき，お話を聞いて，とてもためになりました。めあても頑張りました。また行きたいです』って
書いときゃいいんだよ！　かんたんだろ?」

「そうか！　おにいちゃんありがとう」

「まかせとけ！　それ，ちょっと変えれば運動会や学芸会でも使えるからな」

「わかった！」

こうして次男は，晴れ晴れとした顔で，社会科見学に出かけたのでありました（実話です笑）。

第5章

行事で使える
マジックフレーズ

みんなが「いい子」って 思われないのはイヤ!

どんなときに使えるフレーズ?

　運動会，学芸会，あるいは6年生を送る会など，学校行事の際，子どもたちはどうしても，長い間良い姿勢で待機したり，静かに鑑賞したりすることが求められます。でも“じっとしている”なんて，子どもの本性ではないですよね。だから，これを要求するのは切ない。

　けれど，納得すれば，子どもは自らこの難題に挑戦してくれます。

💬 大人は，「静かにきちんとそろって」が大好きだから…

　普通の大人たちは，教師も保護者も地域の人も，みんな揃って，学校の子どもたちが「静かにきちんとそろって」いることを評価します。

　だから私は，子どもたちに率直に言います。

　「ほとんどの大人は，きちんと並べなかったり，静かに鑑賞できなかったりすると，その子はダメな子って思っちゃう。ホントはいい子なのに，大人たちに『いい子』って思われないのは，先生はイヤです!」

　すると，子どもたちはそれ以降の練習では，こちらがうるさくいわなくても，自分たちで意識し合って，静かにしようと頑張ってくれます。

　つい動いてしまうのが子どもの本性なら，大人に褒められたいと絶えず強く願っているのも，子どものもう1つの本性ですから。

◯ 数人の乱れが，全体の評価につながることも言わなくちゃ

　また，これも理不尽な話なのだけれど，9割の子がきちんとしていても，残りの1割が崩れた態度でいると，見ている大人たちは「×年生，態度悪いね」という評価をします。運動会などは，全校の子どもたちを一斉に見るので，どうしても学年という大きな単位でくらべてしまうのでしょう。私は，この割り切れない事実も，そのまま子どもたちに伝えます。

　「ほんの少しふざける人がいると，大人たちはみんなまとめて『×年生，だめだなあ』って言っちゃう。だから1人残らず頑張らないと！」

　こう言うと，練習で「だれがダメ？」なんて，犯人探しになりがちですが，それまでの学級経営で温かな雰囲気を醸成しておき，注意するときには次項の「まぼろしかなー？」等の方法を活用すれば，周りの子がイライラ目くじら立てることなく，ふざけている子も笑顔で行動を是正します。

> # まぼろしかなー？

どんなときに使えるフレーズ？

　たとえば，学年全員が体育館で揃って座っているときなどに，何人かその列を乱している子がいたとします。そんなとき，大げさにこう言います。

　「あれー，まさか！　きちんと座れていない子がいるなんて，そんなわけないよ。マミ先生が見ているのはまぼろしかなー？　うん，ぜったい，まぼろしだ！」

◯ みんな，嬉しい気持ちで整列できる

　子どもたちを見回して，並んでいない子がいるのは「まぼろしだ！」と大げさに驚いた後は，こう続けます。

　「よし，しっかり目を閉じて1回ぐるっと回ってから，もう一度目を開けて見てみよう」

　そして実際に，大げさに目を閉じ，ゆっくりと1回転します。

　すると，子どもたちはくすくす笑いながら，その間にさっと並び直します。

　私が目を開けた頃には，前へならえをすませ，きれいに並んで澄まし顔。

　そこで「あーよかった。やっぱりまぼろしだった。みんなちゃーんと並んでいるもんね」と驚いてあげます。

◯ まぼろし，まぼろし～

　これは，行事で並んでいるときだけでなく，授業準備等でも使えます。

　第2章で紹介した「2　きのせいかなー？」「3　そらみみかな？」に続く「おとぼけ」シリーズ第3弾です。

　子どもたちは，すぐにこのやり方が気に入って，次からは私が「あれー？」と言いかけただけで，「まぼろし，まぼろし～」と言いながら，自ら並び直したり，授業準備を整えたりします。

　こうすると，「早くちゃんと並びなさい！」「早く教科書を出しなさい！」なんて怒らなくてもいいので，子どもたちも気分がいいし，私たち教師もラクチンです。

　今のところ，「おとぼけ」シリーズ第4弾を思いついていません。何か良い案はありますか？

鬼先生にヘンシン！

どんなときに使えるフレーズ？

　イマドキの学校では，運動会や学芸会の演技を短い間に仕上げなければいけないことが多いと思います。そうなると，1時間の授業でより多くのことを身につけさせなくてはならない。そこで，「今から，マミ先生は鬼先生にヘンシンするよ！　集中していないと雷が落ちちゃうよ！」と宣言し，緊張感をもって授業に臨んでもらいます。

◯ ニコニコ顔からこわい顔に，わざとらしく変身

　授業の最初に，

　「今日は，・・の練習を・・までできるようにならなければなりません（目的の明示）。そのために，マミ先生は鬼先生にヘンシンして，みんなを鍛えちゃいます！（手段の提示）こわくっても，いい演技をするためだから，頑張ってついてくるんだよ！（すべきことの確認）」

　と言って始めます。ニコニコ顔をして，その前で，手のひらを上から降ろしていき，手のひらが通った後はこわい顔にかわっていると，子どもたちは「きゃー」と喜びながら，気持ちの準備を整えます。そうなったらもう，笑顔は一切見せずに「静かに。やることを言います」と厳かに宣言。

　みんな集中して，授業のスタートです。

110

◯ その時間ずっと，集中して頑張る空気をつくる

　変身する効果は，先生と子どもたちの双方にあります。

　「厳しくするよ！」と宣言済みですから，こちらとしては，バシバシ遠慮なく指導することができる。

　子どもたちも，「これは運動会・学芸会の練習のとき限定の厳しさ」とわかっているので，安心して怒られることができる。

　とにかく，教える方教わる方が，その時間のあいだじゅう，厳しい雰囲気の中で集中して頑張る効果が生まれます。

　なお，行事の練習は学年でやることがほとんどだと思いますが，鬼先生にヘンシンするのは１人だけにして，他の先生は普段通りでいてあげましょう。

　学年全クラスの先生が鬼先生にヘンシンしたら，子どもの受けるプレッシャーが強すぎます（笑）。

そうそう!
それでいいんだよ!

どんなときに使えるフレーズ?

　運動会の表現（ダンス）種目の練習では，たいてい毎年，うまく踊れるかが心配で，いつまでも練習に参加できない子がいます。

　そんなときは，授業何回かの間，踊らなくても待っていてあげます。

　そして，友だちの様子を見続けて，少しだけ踊れるようになったとき，タイミングを逃さずこう言います。

◯ 心のバリアを取り除く

　低学年の運動会の出し物ですから，それほど高度な演技ではありません。

　上手下手はあっても，全く踊れないわけはないはずです。それでも頑なに練習しようとしないのは，うまくできないと思い込んでいる心理的なバリアのせいです。そんな子に無理やりやらせても，不安が募るだけ。だから，最初は「友だちの動きを見て，真似できるところだけでいいからやってごらん」程度の声かけで様子を見ます。おそかれはやかれ，おそるおそる踊り始めるので，そうなったら，タイミングを見計らって「そうそう，それでいいんだよ！」と声をかけます。この一言が安心感を生み，頑なだった子も，氷が溶けるように全曲通して踊れるようになっていきます。

○ 「上手だよ」「大丈夫」ではなく「それでいい」という理由

「上手上手！」は，ちょっと嘘っぽい。たどたどしく踊り始めたばかりで達者なわけはないのに，無責任な声かけです。「大丈夫，踊れているよ」だと，前提として，その子が踊れないでいた状況を踏まえての声かけになり，むしろ，不安を呼び起こすんじゃないかと心配です。

「そうそう，それでいいんだよ！」なら，踊り始めたその状態を全肯定しているので，言われた方も，いちばんしっくりきて，安心できて，自信をもてる言葉ではないかと考えました。

小学校の運動会の表現種目で，誰もがうまく踊る必要はありません。それぞれが精いっぱいのパフォーマンスをすればいいわけです。

表現運動を苦手とする子が，心理的なバリアを乗り越えて，まがりなりにも体を動かしているのですから，それで充分。「それでいい」のです。

おどってみたら　たのしいよ♬

できない人には，言いません

どんなときに使えるフレーズ?

　行事のときには，いろいろなシチュエーションできちんと並んだり，座って待ったりしなければいけないことがあります。ときには「‥さん，姿勢がいいですねえ」と褒めて気づかせる，定番の指導法を用いる余裕もなく，「きちんと並びなさい！」と普通に叱ってしまうことも。

　そんなとき，この言葉を添えます。

○ 「信じているよ」のメッセージ

　「きちんと並びなさい！」「ちゃんとしなさい！」と叱られてしまっては，いくら自分たちがふざけていたとわかっていても，子どもたちはつまらない気持ちになります。その後の練習も投げやりになってしまうかも。

　けれど，直後に「できない人には言いません」と伝えられれば，「ああ，自分たちはできると信じてもらっているんだ」「できることをやっていないから叱られたんだ」という気持ちになることができます。

　すると，「じゃあ，次は，できるところを見せようじゃないか」という気持ちになってくれるのではないかと……

　実際に，本人たちに聞いたわけではありませんが，きっとそうだと信じて，このマジックフレーズを使っています……

○ 多様なシチュエーション，多様な子どもに

　叱った後に「できない人には言いません」と添えるのは，行事だけでなく，あらゆるシチュエーションで活用できます。

　日常場面でも「まぼろしかなー」「きのせいかなー」「そらみみかなー」のおとぼけシリーズをうっかり使い忘れて叱ってしまい，あわてて付け足すこともあります。

　また，個別に子どもを指導するときにも，こう付け足すのは効果的。言うときは，しっかりと子どもの目を見て力強く伝えます。

　もちろん，言葉だけでは嘘になります。どこまでもその子ができると信じて言うからこそ，マジックフレーズになるのです。

　発達に偏りがある子に，学校のルールを守ってほしいときにも，私はこの言葉を使います。

> # もしかして，
> # うっかりしちゃった？

どんなときに使えるフレーズ?

　こちらは，夏休みを使って丁寧に計画し，本番までの時間がない中で，少しでもいいものに仕上げようとしているのに！

　練習中にふざけてしまう子を見ると，ついムッとして，

「なにしてるんですか！」

って怒っちゃう。そんなとき，続けてこう尋ねます。

💬 子どもに悪気はない

　マジックフレーズを偉そうにつらつらと並べておりますが，実は，気を抜くとすぐ，感情のままに怒ってしまうマミ先生。

　貴重な練習時間に，友達とふざけ合ってばかりで，練習に向かえない子に

　（こっちがあんなに一所懸命考えて，この子たちが輝けるようにいろいろ工夫を凝らして，出し物を演出しているのに，なんでちゃんと練習しないの！）

　とついカッとなり，「なにしてるんですか！」と大声を出しちゃいました。

　でも考えてみれば，子どもはそんなこと知らない。

　練習のために学年全員で集合して，テンションが上がっているだけ。

　それなのに，頭ごなしに叱られたら，可哀想ですよね。

○ うっかりしちゃったのは，どっち？

だから，怒りに任せて大きな声を出した後，この言葉を続けます。

「もしかして，うっかりしちゃった？」

叱られて緊張した面持ちの子どもたちは，つぶらな瞳で私を見つめてこっくりとうなずきます。私は，その目を見つめ返し，ニッコリと頬笑みます。

「そうだよね，うっかりしただけだよね，よかった」

これで，怒られてしまった（怒ってしまった）ことは帳消しになります。うっかりしただけなんだから，次から気をつければいいのです。本当にそうなんです。みんな，練習を真面目にやろうと思っていないわけじゃない。にもかかわらず，大きな声を出してしまったのはこちら。つまり，うっかりしたのは，実は先生の方。……ということは，彼らには内緒にしておこう。

みんなゴメン！（^_^*)

> ## これじゃあ，
> ## 先生は満足しないよ！

どんなときに使えるフレーズ?

行事の出し物が，あらかた仕上がってきました。

でも，もう一段階段を上らせたい。

そんなとき，こう声をかけます。

「みんながもっと上手にできる力があることを知っているから，今ぐらいの仕上がりじゃあ，先生は満足しないよ！」

◯ 何年教員をやっていても，子どもは想像を超えてくる

「子どもってスゴイ」という言質は，教員の間だけではなく，よく大人たちの声として耳にすることです。子どもはスゴイだけでなくスゴくないこともあるので，そう手放しで絶賛されるのは違和感があるし，その言い方自体にも食傷気味。

それでもやっぱり，私もそう思ってしまう瞬間が，毎年何度も訪れます。

毎年「うわあ」って思うので，次第に，子どもは必ず想像を超えてくると理解し，彼らのスゴさをあらかじめ予想するのだけれど，それでも，必ずその予想を超えられてしまう。

この経験をベースに，演技がだいぶ仕上がった後でも，子どもは必ずこちらの想定以上の力を発揮できると信じ，この言葉で挑発します。

○ 低学年の素直さがあればこそ

　この声かけは低学年の素直さがあってこそのマジックフレーズかも。

　子どもたちが，先生に認められることを純粋に求めてくれているからこそ，効果的なんですよね。

　もしかして，中学生あたりだったら，「別に先生に満足してもらおうと思ってねーし」とか言われちゃうかもしれません。

　ありがたいことに，大人から見ると「？」と思ってしまう先生（失礼！）でも，私のようなロートルの変わり者でも，子どもたちは，「たんにんのせんせい」というだけで平等に愛を注いでくれる。この言葉は，それを利用したマジックフレーズなんですよね。

　矛盾するようですが，彼らの愛にこうして頼りつつも，その愛にあぐらをかかないようにしないといけない，ということも，肝に銘じています。

> 見ている人を幸せにするよ!

どんなときに使えるフレーズ?

さあ, いよいよ本番。

ここで, もう一度, 出し物を練習してきた意義を, 子どもたちと再確認します。もちろん, 運動会や学芸会の活動の目的は, 子どもたちの日頃の学習成果の発表。ですが, 私は, もう1つ, 「見ている人を幸せにするために頑張る」という意義を子どもたちに伝えています。

◯ 「人のために」のほうが, 頑張れる

私は普段から, 勉強も「自分のため」「将来のため」ではなく, 自分と, そして出会った人々の両方を幸せにするためのもの, と洗脳(?)しているので(＊詳細はコラム「べんきょうってたのしいんだよ!」をご覧ください), 子どもたちは, この「見ている人を幸せにする」論理も, すぐに違和感なく受け入れてくれます。

行事の出し物も, 勉強同様, 自分のためというより人のためと意識したほうが, 子どもたちは頑張れるような気がします。

人の役に立てることは, 人間の幸福の素と言いますが, 実際, 演技を終え, 「見ている人を幸せに」した子どもたちは, 本当にいい笑顔で戻ってきます。

◯ 家族・先生だけじゃなく，見にきてくれたすべての人のために

実は，運動会にしても学芸会にしても，プロの大人たちが出演するライブハウスや小劇場より，観客の数は相当多いのです。

通常規模の学校だったら，児童に家族合わせて1000人を超えることだって少なくない。

つまり，この日だけは，子どもたちは，プロのミュージシャンや芸人，俳優さんよりたくさんのお客さんを前にする，エンタテイナーなのです。

それだけたくさんのお客さんを迎えて舞台に立つ以上，安心して見て楽しんでもらうクオリティの演技をするのは，当然の責務。

もちろん，個人の得意不得意がありますから，無理を強いることはしませんが，可能な限り，舞台に立つ者としての自覚をもって頑張ってほしい。

そんな思いも込めて，最後にこの言葉をかけ，晴れ舞台へと送り出します。

どの子も1/30

―特別支援と通常級の特別支援は違う―

特別支援の指南書は，発達障害等の基礎基本を学ぶには最適です。
でも，読んでいて「え，これで終わり？　その先が知りたいのに」
と思ってしまうことがあります。

通級の先生とお話しする時も，似たような感覚を覚えます。
通級の先生は，担当の子をどう扱えばいいかを熱心に伝えてくださるのだけ
れど，私の方は，心の中で
「いやいや，それを集団の中でどう実現できるかがわからなくて
困っているのよ。あの子にばかり合わせるわけにもいかないしー」
と，ちょっと思っていたりします。

きっとこれは，特別支援と通常級の特別支援が，
実は，全く別のものだからではないでしょうか。

特別支援は，発達障害のある子に対するマンツーマンに近い発想のもの。
通常級での様子に言及する時も，視点はあくまで発達障害のある子中心です。
一方，学級担任にとって発達障害を持つ子は，1／30，1/40の存在。
発達障害のある子だけでなく，被虐待の恐れのある子，学習困難の子，
よくできる子，わんぱくな子，とくに手のかからない子等々，
とにかくどの子も等しく，だいじなクラスの子どもたち。
だから，通常級の特別支援では，あくまで集団の1人として，
発達障害のある子をどう扱うかが知りたいのです。

通常級の特別支援は，また別の問題もはらんでいます。
今の日本の1人担任の40人学級というやり方は，集団行動ができるという
条件を満たした子だけを集めて，初めて可能になる数字。
それなのに特別支援の必要な子を配置するから無理が出るのです。
一方，フルインクルージョンを実現したイタリアは，複数担任20人学級。
これなら，集団の中での特別支援・合理的配慮も充分できそうな気がします。

第**6**章

通常級での
特別支援の
マジックフレーズ

大目に見よう &応援してあげよう

どんなときに使えるフレーズ?

　発達障害やグレーゾーンで，一斉授業や集団行動に適応できない子どもは，どのクラスにもいると思います。

　担任1人で，全ての子どもを幸せにする学級運営をするためには，子どもたちの協力が不可欠。

　だから私は，まず学級全体にクラスの状況を説明し，理解を求めます。

◯ 大目に見よう　&　応援してあげよう

　発達障害を抱える一部の子どもは，学級のルールが守れないことがあります。このことを，「しかたのないこと」と許してしまっては，他の子どもたちは腑に落ちない。かといって，他の子たちと同じように順守させようと思ったら，その子vs先生のバトル場面ばかりになってしまいます。

　そこで私は，このようなフレーズを編み出しました。

　「〇〇さんは，みんなと同じにできないことがあります。みんなが簡単に守れるルールを，守るのが難しいこともあります。でも，今，一所懸命練習中だから，ルールを守れなくても大目に見てほしいし，応援してあげてほしいのです」

◯ 子どもはデフォルトで「とてつもなく優しい」

　こう言うと，子どもたちは「うん，わかった！」と，すぐに理解し実行してくれます。その子を，折に触れて励ましてくれたり，良いところを見つけてみんなに報告してくれたり。本当に子どもの優しさには驚かされます。

　以前担任したクラスで，自分の机と椅子をひっくり返して飛び出してしまった子を追いかけ，つかまえて教室に戻ってきたら，子どもたちが，すっかり彼の机を元通りに戻しておいてくれたなんて，感動的なこともありました。

　もちろん，中には優しくない子もいます。……それは，その子がそれまでの人生経験で身につけた生き方なのでしょう。そんな子には，この機会に，学校でその経験を塗りかえ，新しい生き方を身につけてほしいです。

　ある意味，異質な存在を抱えても，排除せず力を貸しながら生きていく。先生も含め，学級全体でそんな生き方を目指したいのです。

① ・・・ ② ・・・ ③ ・・・

どんなときに使えるフレーズ?

　特別支援の必要な子は，多くの場合，具体的に図式化するような言い方のほうが，わかりやすいようです。

　そこで，「①・・・②・・・③・・・」とやることの順に番号をつけて伝えています。また，「〜して，〜したら，〜するよ」と，行動を小分けにして伝えるのも，効果的です。

◯ 具体的に図式化ってどういうこと?

　特別支援の必要な子は，朝の準備も学習の準備も，時間通りにできないことが多いです。このような場面での支援としては，第2章の9で紹介したタイムタイマー等を使って，時間を明示し「ここまでに」という方法，場面絵での視覚化などが定番でしょうか。

　しかし他の子の面倒を見たりする中で，なかなかそんなグッズを用意する余裕がないとき，私は口頭でなんとか順序化，視覚化を試みます。言葉だけで，彼らの頭の中で，行動が図式化され順序立ててイメージされることを狙うのです。つまり，「朝の準備を終えてランドセルしまったら席に着きなさい」と言う代わりに，「やること！　①朝の準備，②ランドセルしまう　③席に着く」という感じです。

◯ 行動を小分けにするってどういうこと?

　続けて，朝の準備というざっくりとした言い方も，もっと細分化して伝えます。

　つまり，「朝の準備をしなさい」ではなく，「・ランドセルの中身を出す。・机にしまう。・給食袋をランドセルから取って机のフックにかける。・連絡袋に入っているものを先生に渡す。・席に座る」という具合です。

　他の子どもたちが，誰彼となにかしら持って来たり言ってきたりするのを，手で受け取ったり，目で指示したりしつつ，口では，特別支援の子にこのような細分化した行動を伝え……　もちろん，朝だけではなく，様々な場面で，この行動の細分化は役立ちます。

　……なんて，すらすらと書くようにはスムーズにいかず，毎朝，汗をかいてます。……通常級の特別支援は大変です。

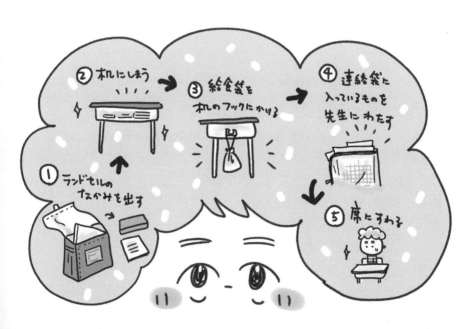

② 机にしまう

③ 給食袋を机のフックにかける

④ 連絡袋に入っているものを先生にわたす

① ランドセルのなかみを出す

⑤ 席にすわる

できますか，できませんか

どんなときに使えるフレーズ？

　どうしても学校のシステムに沿って動けない，特別支援の子どもたち。

　大抵の大人は，彼らを優しく説得して，なんとか他の子と同じ行動を促そうとします。でも，それだと，多くの場合，のらりくらりと反論されて，時間がかかってしまいます。

　そんなとき，この一言が効果的です。

◯ みんなプライドが高いから……

　たとえば，離席をしてフラフラ教室の中を動き回っているとき。

　そこには，その子なりの理由があるので，私は可能な限り黙認します。けれど，介助の人もおらず私１人の状況で，それが他の子どもたちの学習を阻害するとなると話は別。彼らにも学習する権利があります。

　でも，普通に優しく「今は授業中だから」「みんな困っているから」と働きかけてもなかなか席に着けない。そんなとき，

　「今は，…する時間です。できますか，できませんか」

　と言います。そうすると，ほとんどの場合

　「できます」

　と答えて，席に着きます。これでなんとか授業が続けられる。

◯ 相手の意に沿うか，自分に判断が委ねられたか

本人ではないので，あくまで憶測ですが。

説得して言うことを聞かせる行為だと，いくら優しく諭されたとしても，そこには，大人の言うことに従えというメッセージが隠されていて，彼らはそれに敏感に反応するのではないかと思うのです。

その点「できますか？」という言い方なら，その行動をするかどうかは，本人の意思に委ねられます。そして彼らは「できない」というのがイヤなので，「できます」と答える。その結果，やるしかないと言うわけです。

それでもやらないときは，「じゃあ，今日はできなかったと，お家の方に報告しましょうか」と言うと効果は絶大で，100％に近い確率で着席します。でも，これは禁じ手。本来使うべきではない方法です。使った後は，必ず無力感や後悔が襲います。けれど，大人が自分1人しかおらず，授業と支援の両立がどうしようもないときは，つい頼ってしまっています。

いけません。ダメです。

どんなときに使えるフレーズ?

さわってはいけないものをさわる。入ってはいけないところに入る。

離席してしまう。教室から出てしまう。列に並ばない。

多動があると,どうしてもそういうことが頻繁に起こります。

そんなとき,私は,黙認したり,容認したり,あるいは丁寧に説得したりせず,はっきり,ダメなものはダメと伝えます。

💬 特別支援はしても,特別扱いはしない

特別支援対象の子は,通常の子ならすぐに叱られる行為でも,黙認されたり容認されたりしていることがあります。

でも私は,その子だけ許すのは逆差別のような気がして,他の子と同じ指導を貫いています。ただし,できないことは絶対に責めません。少しずつ少しずつ,できないことができるようになっていくのが学校です。

その子がこの先6年間学校で生きていくためには,低学年のうちに,有無を言わさずルールを沁みこませた方が,本人の生きやすさにつながると考えます。将来,学校を出てからも,ルールを守る力は必要です。今の日本では特別な配慮はほとんどありません。学校にいるうちに,制約のある暮らしに慣れ,社会適応の礎を築いてほしいとも思っています。

○ ルールを伝えるテクニック

　ルールを伝えるとき，丁寧に「〜すると〜になって〜だから，〜しようねー」と説明してしまうと，発達に偏りのある子の場合，言われたことを掘り下げてきます。「じゃあ，〜なのか，〜なら〜じゃないのか」となかなか納得しません。こうなると，説明に納得しなければルールは守らなくていいという図式が成立してしまいます。こちらは論破のために説明を重ね，その度ツッコミポイントを提供してしまう。

　この罠にかからないために，私はいちいち説明せずに「いけません，だめです」の一点張りで勝負（？）します。学年の始まりに，「ルールは皆の安全を守り，気持ちよく暮らすための約束」という認識を学級で徹底的に共有し，ルールの説明は「あなたの安全を守るため，皆と一緒に暮らすためだったよね？」と，その認識を想起させるに留めます。

……我慢できなかったんだね

どんなときに使えるフレーズ？

　発達障害の子どもの中には，自分の意に沿わないときに，物を壊したり友達に暴力を振るってしまったりする子がいます。もちろん，その子がそのようなことを起こさないよう，事前予防するのが鉄則です。

　でも，通常級で何十人もの子どもたちとともに過ごしていると，どうしても事件は起きてしまいます。そんなとき，こう言います。

◯ わかっちゃいるけど止められない

　発達障害の子どもたちのなかには，暴力は悪いことと理解しているものの，かっとなってしまったら止めることができないという子がいます。

　だから，そんな子がなんらかの事情でことを起こしてしまったときは「暴力はだめです」という前に，そっとこう言います。

　「……我慢できなかった？」

　この言葉で，子どもは，こっくりとうなずき，すうーっと落ち着いていきます。悪いことをしようとしたわけじゃない。ただ，我慢がきかなかっただけ。それはわかっているよ。というこちらからのメッセージが伝わるからだと思います。そこから，それでも暴力はいけないこと，してしまったことは自分で謝らなければいけないことを伝えていきます。

○ 功を奏する学級全体の共通認識

　暴力をしてしまったほうは，こうして落ち着いて反省し，謝罪をして終わります。一方，発達障害があるからと言って，我慢できなかったからと言って，理不尽に暴力を振るわれたほうは，たまったもんじゃありません。

　なにか挑発したような行為があった場合は，お互い様という面もありますが，一方的に100％の被害者だった子どもにしてみれば，とばっちりもいいところです。

　それでも，子どもは優しいです。最初にクラスで共有した「大目に見よう＆応援してあげよう」という約束を思い出し，できない我慢をして，暴力を振るわれたことを許してくれます。これには感謝に堪えません。

　この，周囲の子どもたちの寛大さがあって，通常級での特別支援は，やっと成立しているのです。

おうちのひとができなかったら 先生とやろう

どんなときに使えるフレーズ?

　低学年では，体育着に名前をつけたり学年と組を書き換えたり，鉛筆や消しゴムを揃えたり，給食袋を用意したり……など，家庭で手助けしなければいけないことはたくさんあります。

　家庭の事情でそれがどうしても滞る子に，「ちゃんと持ってきてね」と言うだけでは，その子が苦しむだけ。そう思うときに，こう言います。

◯ 板挟みにならないようにしてあげたい

　学級の子どもたちの家庭の様子は，担任してしばらく経てば，なんとなくわかってきますよね。

　忘れ物が続いていることの対処について，おうちでなんとかできる範囲なのか，それとも，おうちもいっぱいいっぱいで，子どものことまで手が回らないのか。ただ多忙でうっかりしただけなのか，それともネグレクト傾向があるのか……

　様子を見ていて，これはおうちに要求しても厳しいかなあと感じたとき，私は子どもにこう言います。

　「来週，××持ってこなきゃいけないんだけど，おうちの人用意できるかな？　もし無理だったら，◯◯さんと先生で用意しよう」

◯ だれだって「ちゃんと育てたい」と思っている

　私は，先生であると同時に，家族支援者でもあります。

　その立場から，以前は，多くの先生方が「親なんだからちゃんとしてほしい」とため息をつくのを聞いては，「親もいろいろ。できる親とできない親がいるんです」とささやかに反論していました。

　けれど，最近は「おうちもたいへんなのかなあ」と理解ある発言をしてくださる先生方が増えたように思います。

　そうなんです。だれだって「ちゃんとしたい」と思っている。でも，自分の状況でそこまで手を伸ばしきれない親もいて，その人に「ちゃんとして」と言うのは酷なこと。先生の範疇を超えてしまうかもしれないけれど，そんなとき，私は，こちらで家庭の準備を肩代わりしちゃいます。

Column

保護者へのまなざしをアップデート

―家族支援的見地から―

先生たちって，どこかでこう思ってはいませんか。

『タニンデアル，ジブンタチガココマデガンバッテイルンダカラ，

オヤナラ，ソノクライハスルベキダ』

それは，本当にその通りなんですけれど。

だけど……

保護者は，先生がどれだけ心をこめて子どもに向き合っているかを，

意外と知りません。ついうっかりの朝ごはん抜きや忘れ物が，

学校の集団的活動にどれだけ影響を及ぼしているかも，わかっていません。

また，家族がそれぞれ事情を抱えていることもあります。

親自身が心の病と闘っているかもしれない。介護を抱えて，多忙を極めてい

るかもしれない。経済的に厳しく，必死で働いているかもしれないのです。

しかし，ほとんどの家庭は，自分の考えや家庭の状況を伝えることなく，

学校のリクエストに応えようとするか，あるいは弁解せずに

黙ってしまうものです。

先生たちは，学校の授業が本分で，しかも，ただでさえ働きすぎな

日常ですから，そんなカーテンの向こうの家庭のありようにまでは，

なかなか思いを馳せる余裕はありません。

このような状況の中で，保護者と教師は，お互いを知らないまま，

お互いの状況を憶測し，それに基づいて付き合い続けています。

けれど，元々のものの考え方に大きな違いがあるので，思いがすれ違いがち。

それは，私自身が保護者から教師に転身した経験から痛感しています。

この状況を打破するのは，ありきたりな結論だけれど，お互いを信頼し，

それぞれに見えていない後ろ側があることを想像しながら，

丁寧なコミュニケーションをするしかないのかな，と思っています。

第 7 章

おうちのひとにも
マジックフレーズ

私たちは, 同じ目標をもつ仲間です

どんなときに使えるフレーズ?

学年が始まったばかりの4月。まだまっさらな関係のときに, 必ず, 保護者としっかりと共有しておきたいのが, このことです。

子どもは大好きだけど, 保護者は苦手。そうおっしゃる先生が多いのですが, 本来, 先生と保護者は "子どもの善い育ち" という同じ目標をもつ仲間。

まずは, こちらがその意識を強くもっていきませんか。

◯ 向かい合うのではなく, 同じ方を向いている

先生側から保護者に不信感が生まれたり, 保護者から教師に納得できない疑問が生まれたり。そんなとき, 私たちは, 同じ方向を一緒に目指す仲間なのだという意識が共有されていれば, 前向きな解決を目指せると考えます。

先生も保護者も, 目指すはただ1つ, 子どもの善い育ちであって, 相手を攻撃することではないはず。子どもの善い育ちを目指すには, 双方が協力しあうことこそ効果的。この基本を押さえて話し合えば, 滅多なことにはなりにくい。

と言いたいところですが, まあ, うまくいかないこともあります (^_^;)。

それでも毎年懲りもせず, この方針でやり続けています。

○ 根っこに信頼をもち続けたい，もち続けてほしい

　私は，自分の子どもを育てるのと同じ気持ちで学級の子どもたちに接しています。それでも，保護者の方に不満を訴えられることはあります。そんなとき，とても悲しくなります。信じてもらえなかったことが悲しいのです。

　もし，私を信じてくれていたら，不満を言うより「こういうことが起きたけど，マミ先生ならきっと何か事情があってのことですよね？」と聞いてくれるはずです。

　これは，逆もまた真なり。

　私たちも，理不尽な要求をしてくる保護者の方に対して，「この人，どういうひと？よくわからないなあ」なんて，その方の人間性を疑ってしまってはいないでしょうか。

　信じ合うことは，綺麗ごとではなく，問題をうまく解決する秘訣です。

☆目指すところは 同じです！！

ご連絡ありがとうございます

どんなときに使えるフレーズ?

　保護者の方から連絡帳で訴えがあったときの返信は，まずは，「ご連絡ありがとうございます」と丁寧にお礼するところから始めます。

　そんなの当然でしょう！

　という声が聞こえてきそうですが，ほんとに心をこめて書いていますか？

　当たり前の言葉ですが，心をこめるのがポイントです。

○ 教師のホンネは「ご連絡なし，ありがとうございます」

　できれば毎日，子どもが連絡帳を渡しに来ない方がありがたい。それが教師のホンネではないですか。だから，なんらかの訴えの書いてある連絡帳に「ご連絡ありがとうございます」と判で押したように書きながら，心のどこかで「いやだなあ」と思ってはいませんか。私はちょっと思っちゃいます。

　でも，実はここが運命の分かれ道。

　ここで，本気で「ご連絡ありがとうございます」と書くことが，いい方向へ向かうポイントです。

　もしも，保護者の方に不満や疑問があるのに伝えてもらえなかったら，後で大きな問題になってしまったかもしれないし，気づかずに間違いを繰り返していたかもしれないのですから。

◯ 主観をできるだけ取り除いて，相手の主張を正確に理解する

　保護者の方の訴えを理解するとき，もともと持っている教師の思い込み，常識，ものの考え方に加え，子どもの性格を知っていることや，その保護者に対する先入観が，知らず知らずのうちに邪魔することがあります。

　たとえば，「このお母さん，連絡帳にこういうふうに書いてきているんですけど，おそらく，子どもがこう言って，お母さんがこう考えたからじゃないかと思うんです。このお母さんはこういう人だから」と，学年主任や管理職に報告することってありませんか？

　身に覚えがあったら，要注意です（自戒をこめて）。

　「ご連絡ありがとうございます」という気持ちで連絡帳を読むことで，その内容をそのまま受け止めることに繋げたい，というのも，この言葉に心をこめたい理由です。

57 おうちのひとと共有したいこと
その1

きっと，だいじょうぶ

どんなときに使えるフレーズ?

　低学年，特に１年生の保護者の方は，我が子が学校でうまくやれているのか，友だちと仲良くやれているのかといったことが，とても心配なようです。そして必ず，我が子がプラスの経験を重ねることを望みます。

　対して私は，せっかく集団の中で過ごすのですから，この機会に，マイナスの経験をたくさん重ねることこそ大切，と伝えます。

◯ 低学年だからこそ，マイナスの経験を通じて免疫をつけさせたい

　マイナスの経験とは，具体的には，授業で答えを間違えてしまうことから，友だちとけんかをしてしまう，ルールを守らず先生に怒られるなど，ネガティブな体験全般のことです。こういった，いわゆる凹む体験を積むことは，子どもの成長に有益と私は考えます。

　もちろん，中にはとても傷つきやすい子どももいるので，注意が必要ですが，おしなべて，低学年のほうが，高学年の多感な時期より，マイナスの経験に対するレジリエンシー（可塑性）が高いように思います。

　たとえば，けんかをしても，「ごめんね」「いいよ」で，次の日には仲良く遊べてしまうのが，低学年。

　だから今のうちに，へこたれない強さを培いたいと考えるのです。

🗨 心配は，信じていないというメッセージ

　けれど，多くの保護者はマイナスの経験を歓迎しません。子どもがそれに耐えられるのかが，心配でたまらないようです。

　実は，その"心配"そのものが，子どもの成長を妨げるのに……

　「きっと，だいじょうぶ」と，信じていれば心配はしないはず。そして，親，とくに母親に信じられている子どもは，自分自身を信じることができます。そして，自分自身を信じられるから，困難を乗り越え，成長することができるのです。一方，心配された子どもは，当然，自分を信じることができず，困難に怖気づいてしまい，次の一歩が踏み出せません。だから，

　「マイナスの経験を大切に。心配な気持ちを抑えて，自分の子ならできる，と信じて見守りましょう。きっと，だいじょうぶです」

　こう伝えると，保護者の方も，ぱあっと明るい顔になってくださいます。

子どもは3つの顔を
持っています

どんなときに使えるフレーズ?

　私は，この言葉をかならず最初の保護者会で伝えるようにしています。

　子どもの持つ3つの顔と言うのは「親に見せる顔，先生に見せる顔，友達に見せる顔」，この3つ。

　どの子も必ずこの3つの顔を持っていることを，最初に伝えておくと，後々，じわじわ効いてきます。

💬 3つの顔ってどんな顔?

　子どもは，先生にはなるべくいい顔を見せようとします。だから先生は子どもの本性を見透かすのは難しい。これができれば一人前の先生ですよね。

　いちばん素に近い顔を見せるのは，友達。先生の前ではいい子でも，友達に優しくない子とか，たまーにいますよね。

　親に対しては，いろいろなパターンがあって，リラックスした顔を見せる子もいれば，緊張して，絶えずいい子を演じている子もいます。

　おそらく，3つの顔がほとんど変わらない子が，一番幸せな人生を送れるタイプではないかと思います。いつも変わらないというのは，誰の前でも，自分らしくいられるということですから，ストレスがありません。

◯ 家ではいい子だけれど，学校では… という子

多くの先生がお気づきかと思いますが，親の前でいい子を演じている子が，学校で問題行動を起こしがちです。家で寛げない分，学校にいる時にやりたい放題してしまうんでしょうね。

そんなとき，あまりの行状に，情報を親と共有したいと思って伝えても，親はいい子の顔しか見ていないので，「まさかそんなはずは」と，事実を受け入れられないという場合があります。

さあ，ここで，最初の保護者会で，「子どもには３つの顔がある」という話をしていたことが効いてきます。

学校で，家と全く違う行動をすることを伝えられたとき，親は，「まさかそんなはずは」と頭から否定せず，「３つの違う顔があるってこういうことなのかな」と，考えることができるのです。

子どもの話は
小さな「曇りガラス」

どんなときに使えるフレーズ?

　保護者にとって，学校生活の情報源はただ1つ。子どもの口から聞く報告だけです。毎日いろいろなことが起きる学校の様子は，保護者には全く見えません。だから，子どもの言うことだけで判断するしかない。けれど，それでは事実を誤認してしまう恐れがあります。

　そこで，私はこんな喩えを使って，保護者の方に，理解を求めます。

💬 学校という大きな空間を小さな窓から覗いている

　子ども，特に低学年の子どもは，大人の感覚では想像できないくらい視野が狭いし，記憶もすぐに曖昧になってしまう。

　家に帰ってきてから，そんな子どもの言葉だけを聞いても，学校で起きたことを正確に把握するのは不可能。意外と，多くの保護者はこのことに気づいていません。

　そこで，私は保護者の方にこう説明します。

　「子どもから話を聞くだけでは，真実に行き着くことはできません。それは，学校という大きな空間を小さな曇りガラスの窓から覗いているようなもの。それだけでは，すべてを見渡すことはできないのです」

🗨 曇りガラスの意味

　子どもは，自分の主観で物事をとらえます。たとえば，ただうっかりぶつかっただけなのに，とても痛かったら『ぶたれた』と思い込み，親や先生に，そう伝えることもあります。また，学校で起きた楽しいことはそこで昇華されるけれど，イヤな気持ちはふつふつと残るので，おうちでは，その，心に残ったイヤな気持ちだけを相談しがちです。つまり，子どもの証言は，事実をそのまま伝えていないのです。私は，それを曇りガラスという言い方で表現します。

　そして，「自分の子どもの言ったことを鵜呑みにせず，まずは直接先生に事情を問い合わせてください」と保護者に伝えます。どんな問い合わせが来ても，しっかり学級経営していれば，実際には「なあんだ，そうだったんですね」と安心してもらえることがほとんどのはずです。

子どもの言うことは…

小さな曇りガラス

よく見えない…

ほんとは
こうなのに

クリアなガラス

保護者のみなさんは
こういうイメージで聞いている

子どもの "いる" を喜んで

どんなときに使えるフレーズ?

　コラムでも触れましたが，学校という場所は，子どもたちに「そのままではいけない」「もっと善く」「もっと高く」と絶えず伝えているところです。

　おうちも同じだったら，子どもはしんどい。

　おうちでは，その子の存在自体を，ただ，その子が "いる" ことを手放しで喜んでほしい，と切に願います。

💬 "いる" だけでは喜べない罠があちこちに

　赤ちゃんは，生まれてきただけで祝福され，"いる" だけで喜ばれます。それなのに，大きくなるにつれて，親たちは，子どもが "いる" だけでは満足できなくなっていく。でも，それは親のせいだけじゃないのです。

　だって，世の中が，「幸せなふつうの人を育てる」子育てより，「有名大学に入学させる」「プロスポーツ選手を育てる」子育てをもてはやすから。「すごい」や「りっぱ」がだいじという価値観にずっとさらされているから，親はつい，少しでも「すごく」「りっぱ」に育てようと思ってしまうのです。

　ただ，このことは子どもを苦しめます。本来，家庭（またはそれに代わるもの）は，子どもにとって，羽根を休めるベース（基地）ですから。

◯ "いる" を手放しで喜ばれると，頑張りたくなる

　ただ存在を喜ばれ，充分な衣食住を与えられ，愛されている子は，自分を大切にできます。大切にするから，「もっと伸びたい」と素直に感じ，学ぶ意欲が自然に満ちていくのです。そしてその意欲に応えるのが学校です。家庭が「学べ学べ」と追い立てて，意欲もないのに無理やり行かされる場所ではないのです。

◯ 子どもという存在と，ともに暮らせるのは今だけ

　子どもは永遠に子どもではいません。この魅力的な存在とともに暮らせる時間は短い。だから，「もっと…」は学校に任せて，この貴重な時期に，子どもの，"いる"を喜んで……　そう保護者に伝えてほしいと思います。

『低学年担任のためのマジックフレーズ』制作裏話

　同じ日に，最高の知らせと最悪な知らせを同時に受け取る，という奇妙な体験から，この本の制作はスタートしました。

　最高の知らせとはもちろん，この本『低学年担任のためのマジックフレーズ』を執筆しませんかという，明治図書さんからのお誘い。

　最悪の知らせとは，息子のがんの再発。この本のコラムで小学生として登場する息子は，実はもう成人しており，たまたまこの日，いったん完治したがんが再発したと連絡してきたのです。

　だから，この本の制作過程と，息子が化学治療を経て片足を切断し，義足でリハビリに励むという過程は，約1年かけて，同時進行で進んでいきました。

　成人したとはいえ，やはり息子の闘病を傍で見守るのは，母親としては辛いものです。けれど，学校では担任の先生として精一杯働き，自宅ではこの原稿に集中することで，ずいぶん救われました。平日は早朝4時に起きて，出勤までに2ページ書き，休みの日には，窓の外が明るくなってまた暗くなるのを横目に一日中パソコンに向かう，ハードな日々ではありましたが…

　息子は，手術の直前から動画を撮り始め，先ごろユーチューバーとしての活動を始めました。自身が義足の人の動画に励まされた経験から，これから足を切断する人の不安を取り除くために，と，自分の治療記録の公開をスタートしたのです。

　彼の姿に勇気づけられ，私もできるだけ教室の実態のまま，自分をさらけだして原稿を書こうと決めました。

また，この本では「いつか一緒に本を出そう」と話していた30年来の友人・イラストレーターの有田りりこさんとのコラボも実現。夢を叶えることができました。彼女の温かでユーモアあふれるイラストがなければ，この本は成立しません。

そして，元同僚の中村武司先生と小学校教師の娘には，内容に彩りを加える的確なヒントをもらいました。ありがとう。

終始紳士的な物腰で，執筆をナビゲートしてくださった，明治図書出版の新井皓士さんにも，深くお礼申し上げます。

最後に，家族，同僚，すべての友人知人達，そして，この本を手にしてくださった読者の皆様に感謝します。ほんとうにありがとうございました。

2020年12月

林　真未

参考リンク

〈林　真未　オウンドメディア〉
（支援者向け）　家族支援と子育て支援　https://flejapan.com
（教師向け）　家族支援＠学校　https://school.flejapan.com/
（親・一般向け）　幸せな子育てのヒント　https://family.flejapan.com/

〈有田りりこ　オウンドメディア〉
りりこ蔵　　https://aritaririco.jimdofree.com/

〈ユーチューブチャンネル「りき」〉
https://www.youtube.com/channel/UC4AKonNNXp1cPvRpb8UPUWg
"りき　義足" で　検索

【著者紹介】

林　真未（はやし　まみ）

雑誌記者を経て，家族支援者を志す。3児の子育てをしながら，
通信教育でカナダ・ライアソン大学家族支援職資格課程を修了
し，日本人初のファミリーライフエデュケーターに。
公立小学校教員。子育て支援NPO法人「手をつなご」理事。
著書に『困ったらここへおいでよ。日常生活支援サポートハウ
スの奇跡』（東京シューレ出版）がある。
Facebook　林真未　mami.hayashi.566
Instagram　林真未＠家族支援　mami_hayashi
twitter　まみせんせー　@mami_fle_est

［本文・カバーイラスト］

有田りりこ（ありた　りりこ）

雑誌や書籍に挿絵を描いて30数年。趣味は犬の散歩。
Instagram　有田りりこ　riricooarita
twitter　有田りりこ　@ariricoo

子どものやる気をどんどん引き出す！
低学年担任のためのマジックフレーズ

2021年2月初版第1刷刊　ⒸΟ著　者　林　　　真　　　未
2022年1月初版第3刷刊　発行者　藤　原　光　政
　　　　　　　　　　　　発行所　明治図書出版株式会社
　　　　　　　　　　　　　　　　http://www.meijitosho.co.jp
　　　　　　　　　　　　　　　（企画・校正）新井皓士
　　　　　　　　　〒114-0023　東京都北区滝野川7-46-1
　　　　　　　　　振替00160-5-151318　電話03(5907)6701
　　　　　　　　　　　　　ご注文窓口　電話03(5907)6668
＊検印省略　　　　　　　組版所　広　研　印　刷　株　式　会　社

Printed in Japan　　　　　　　ISBN978-4-18-317224-2
もれなくクーポンがもらえる！読者アンケートはこちらから